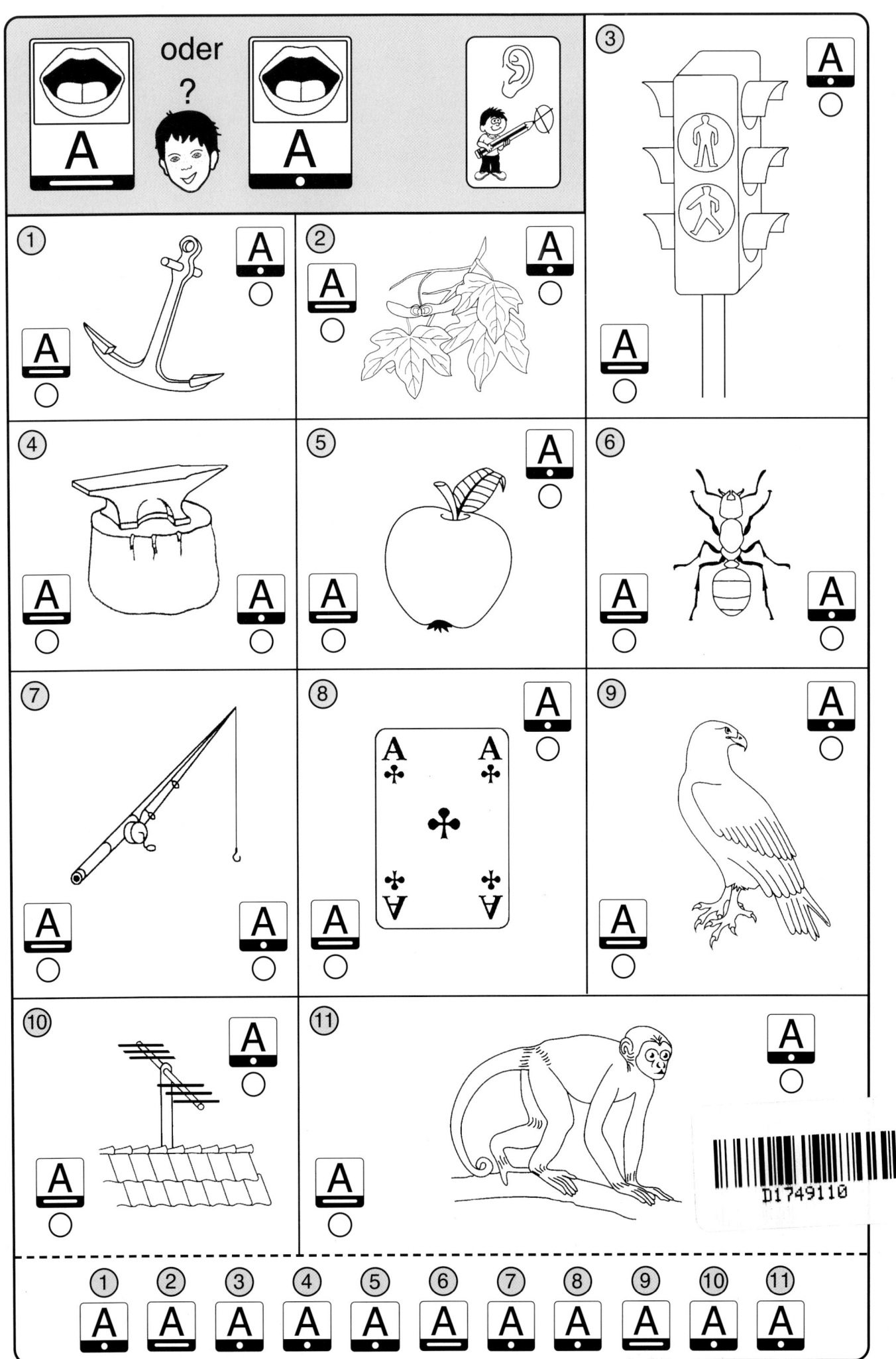

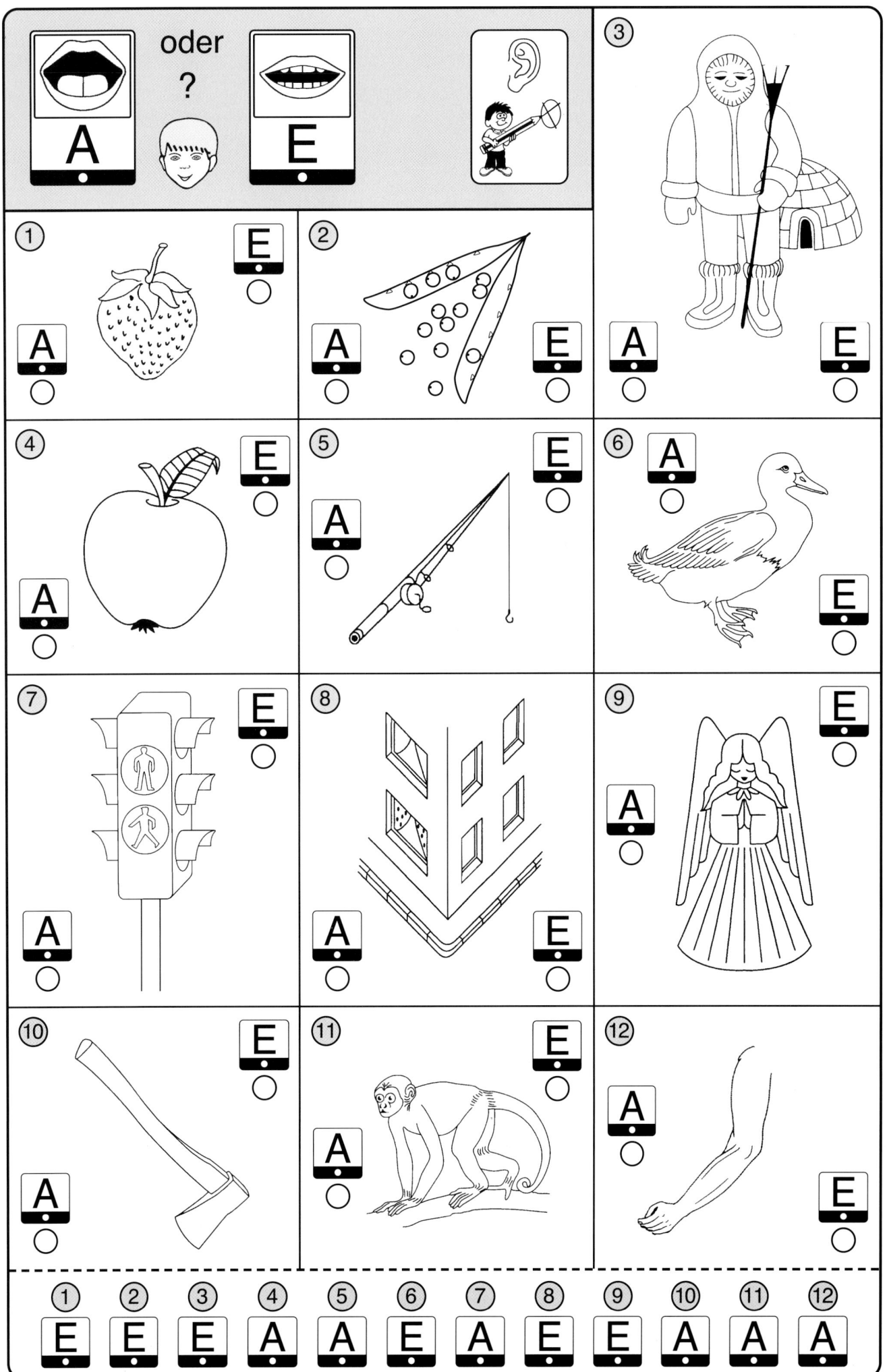

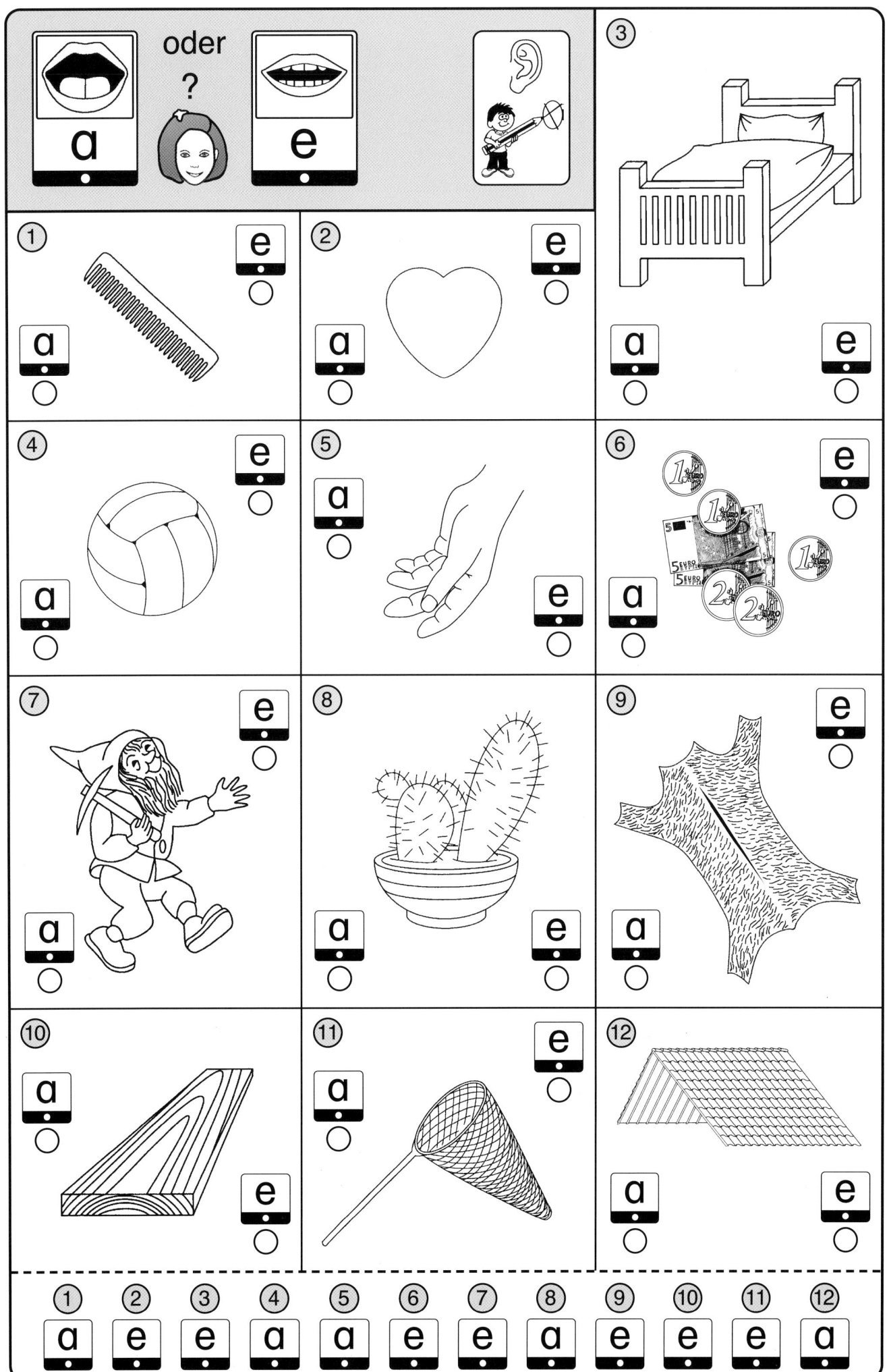

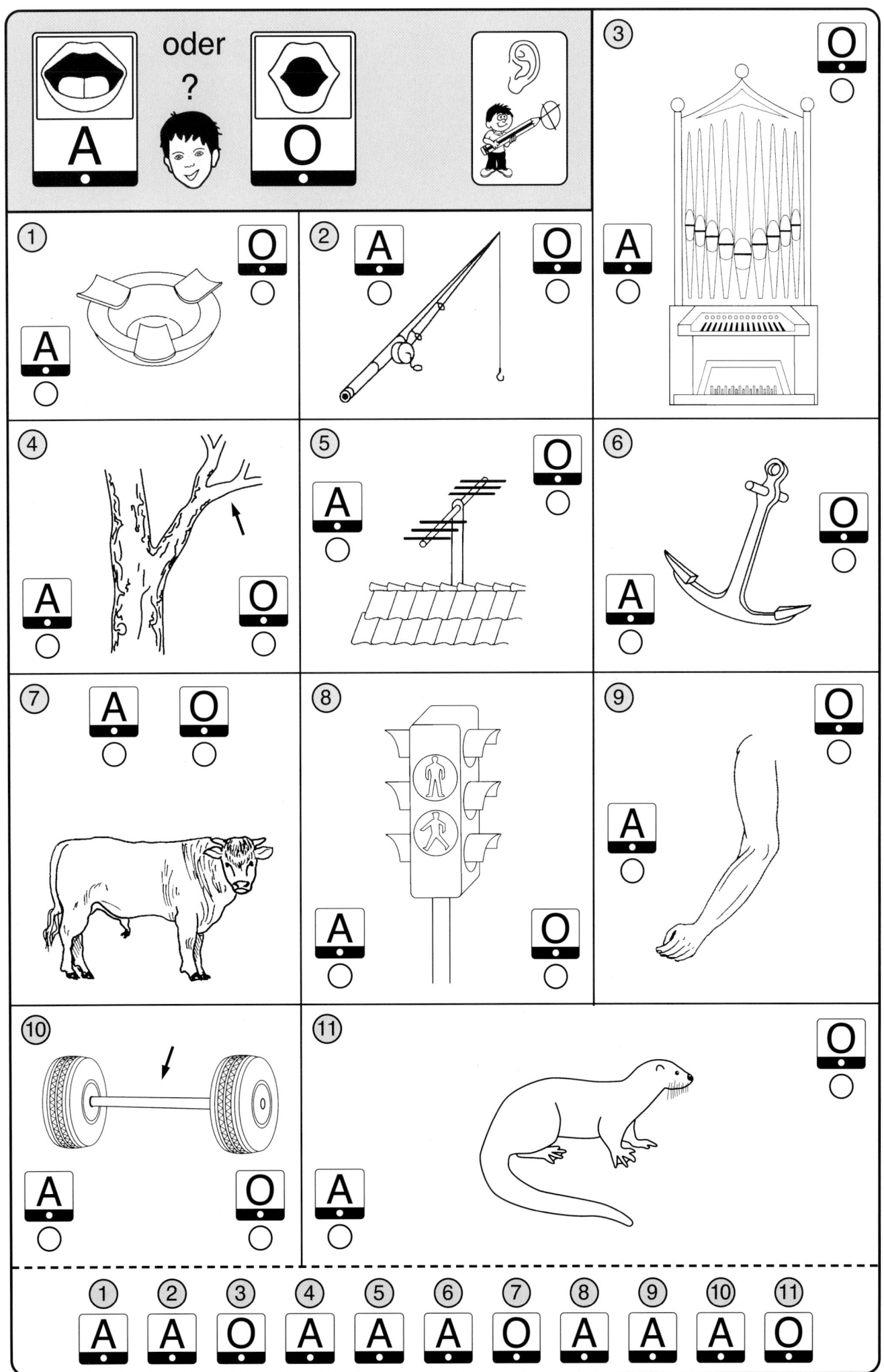

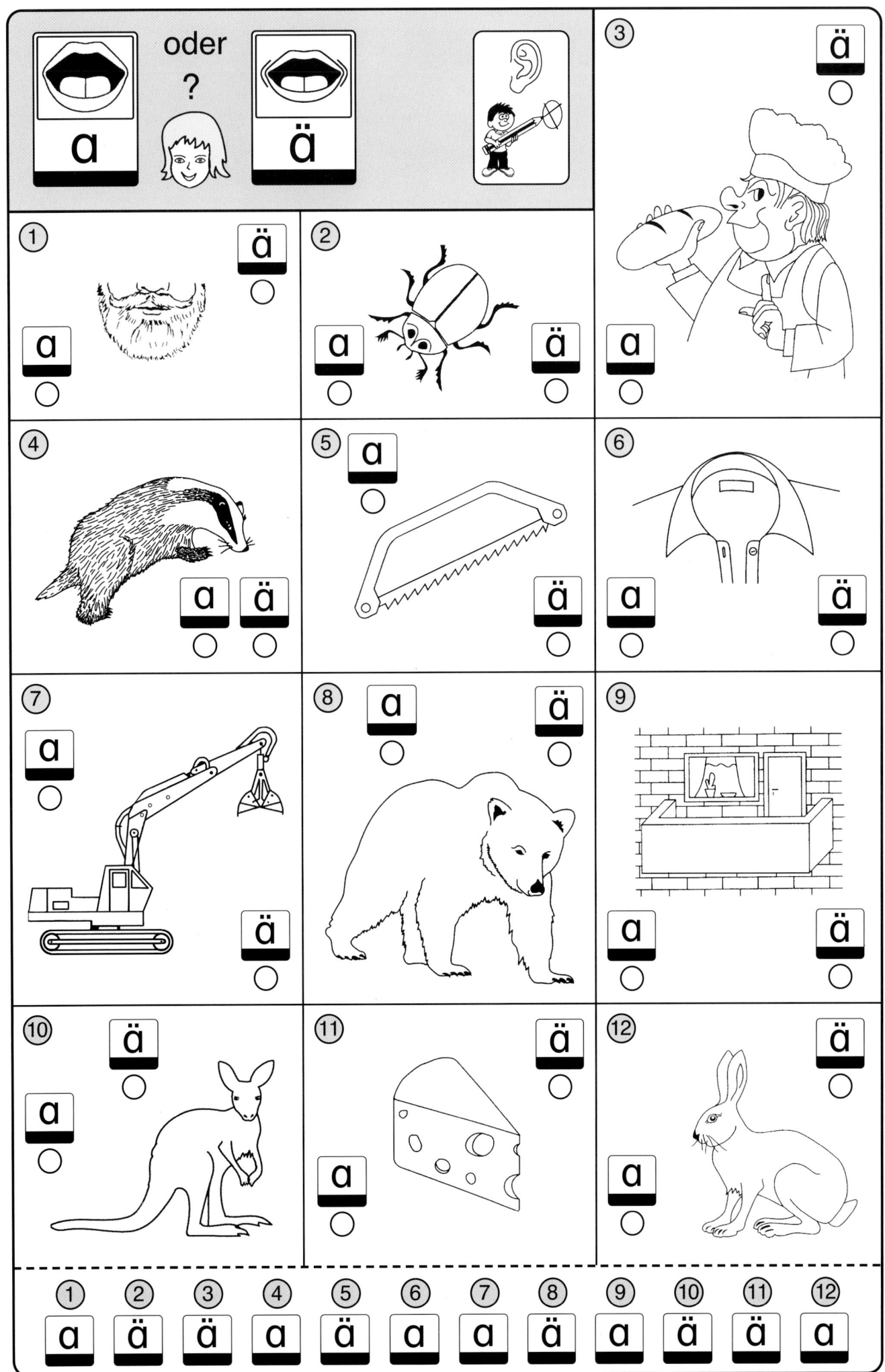

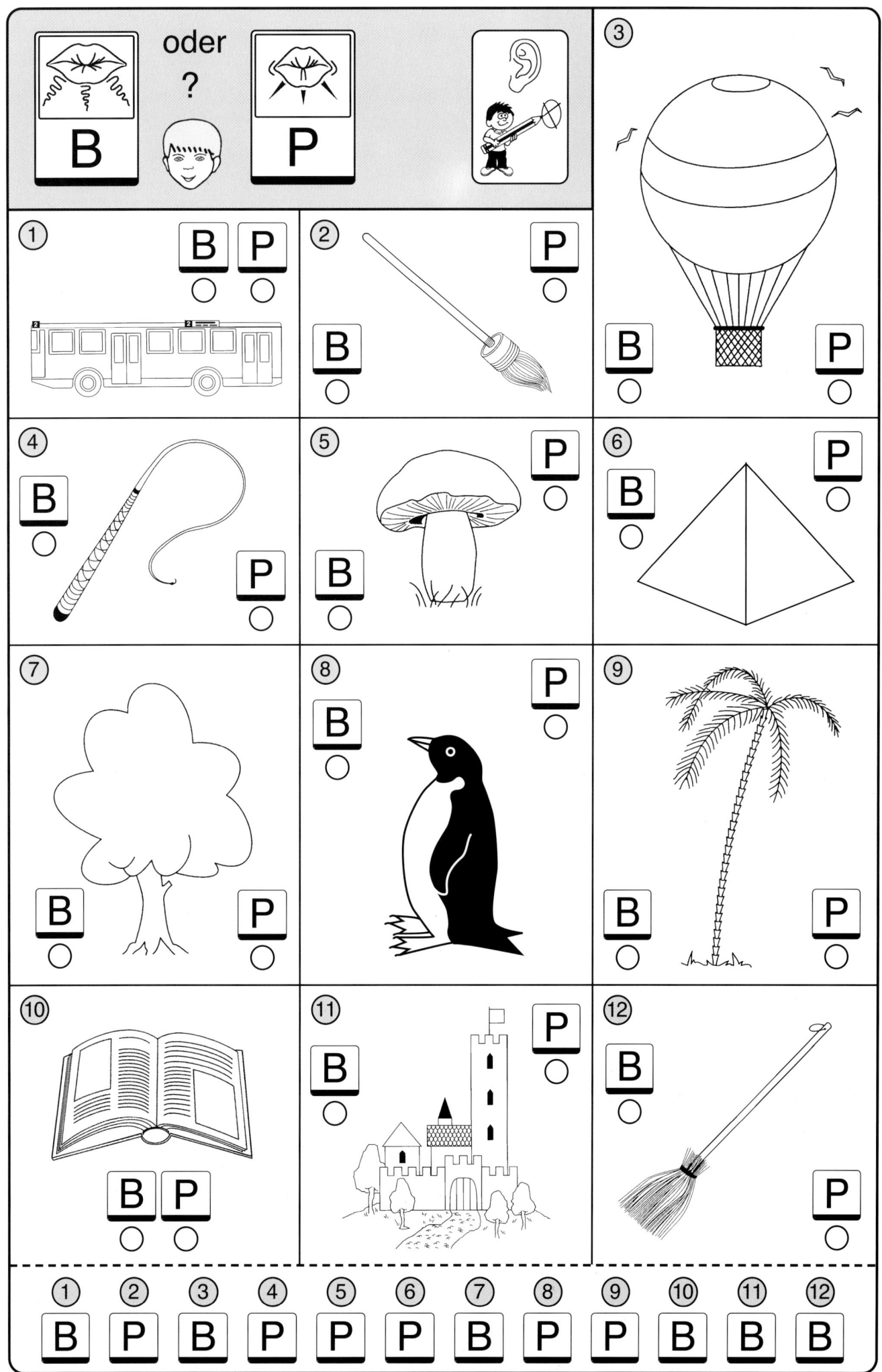

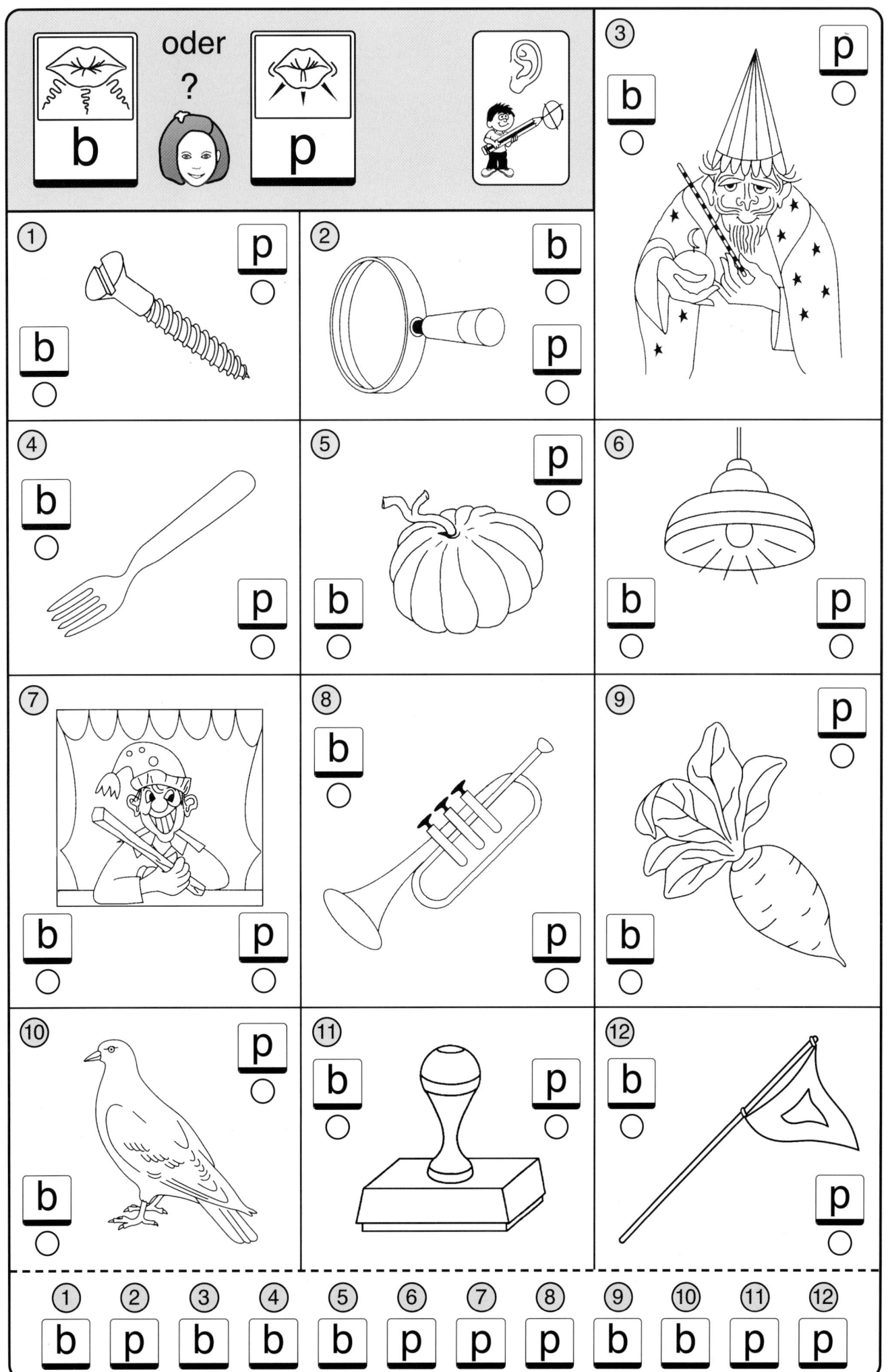

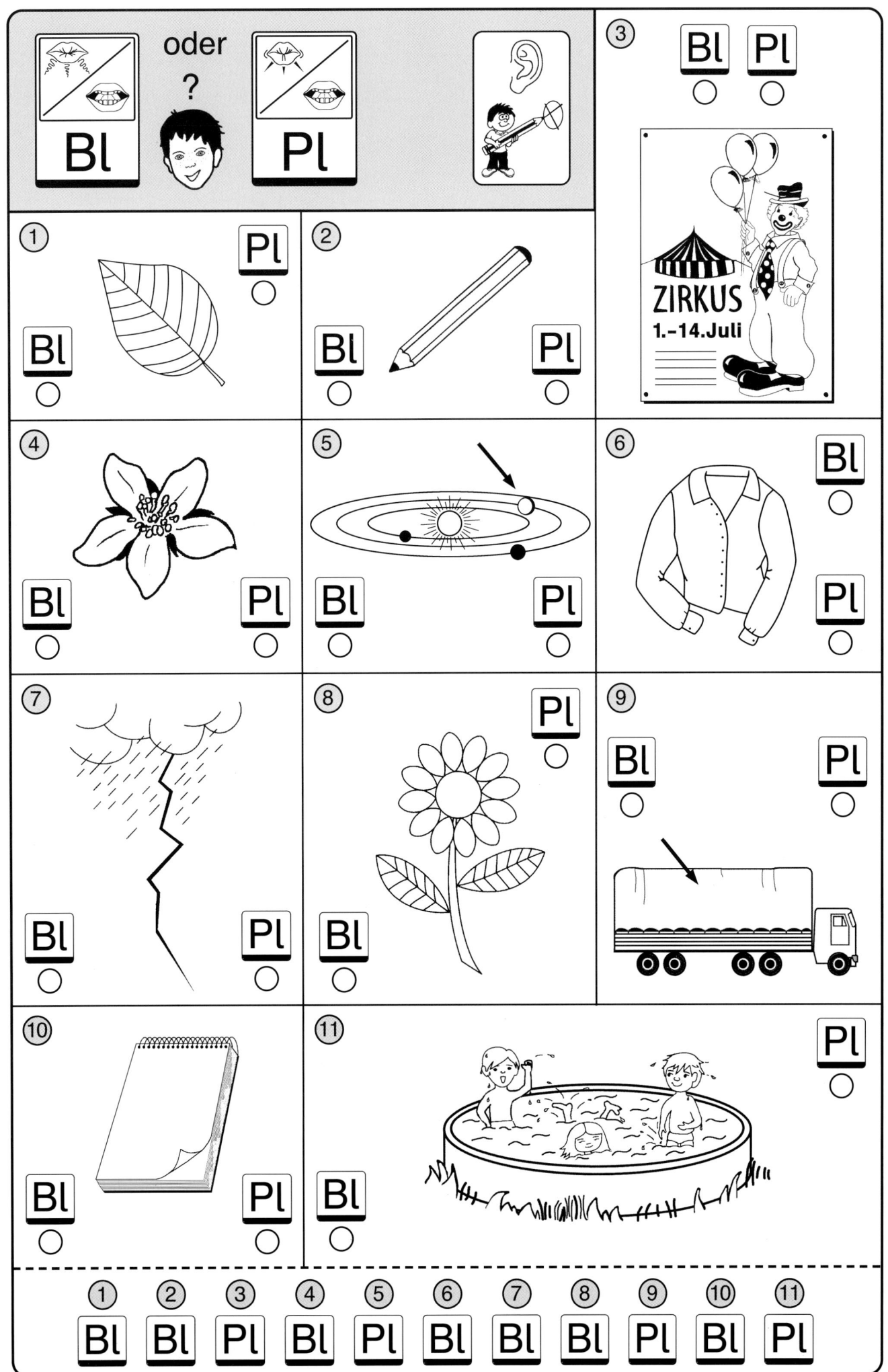

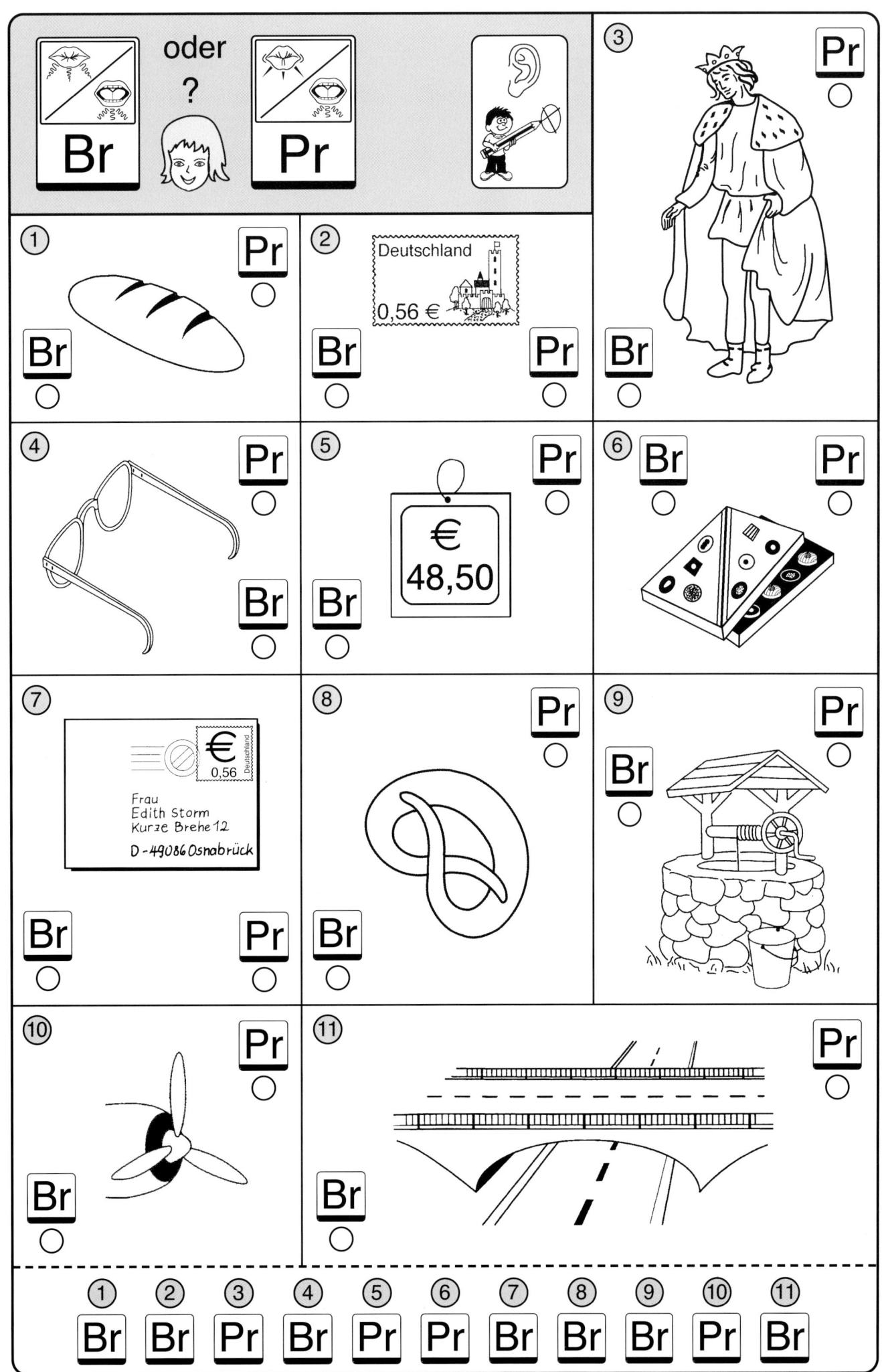

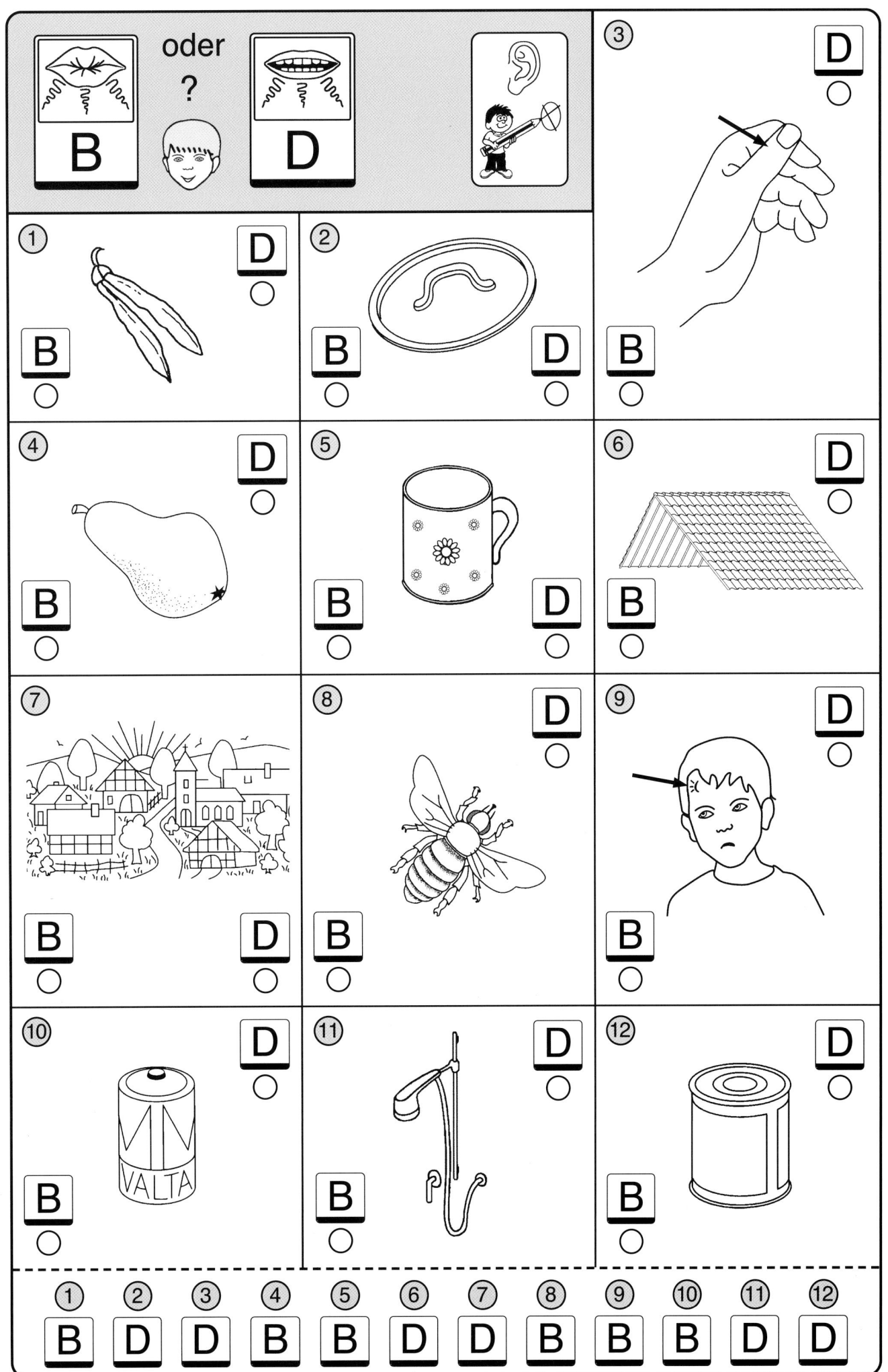

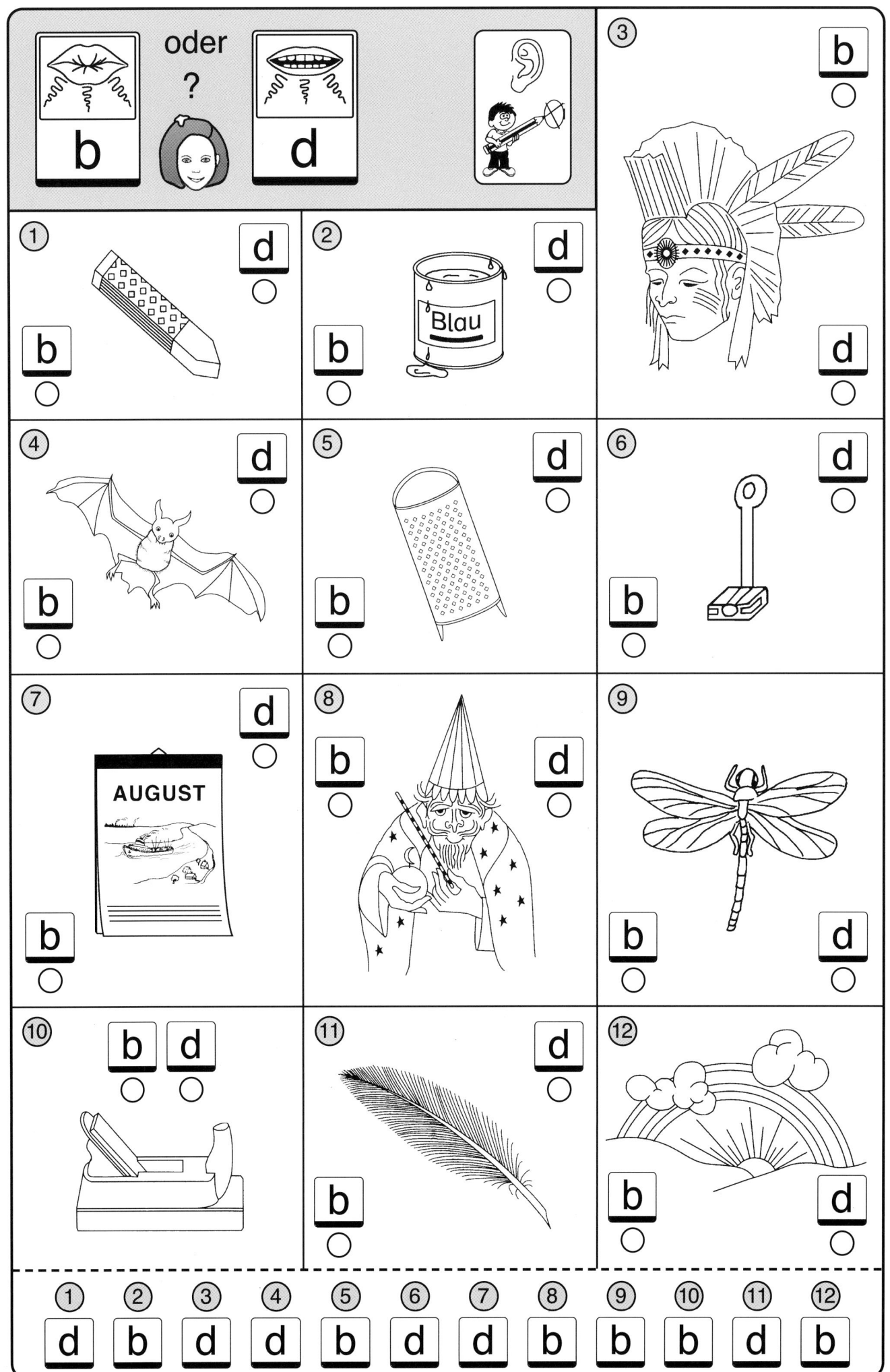

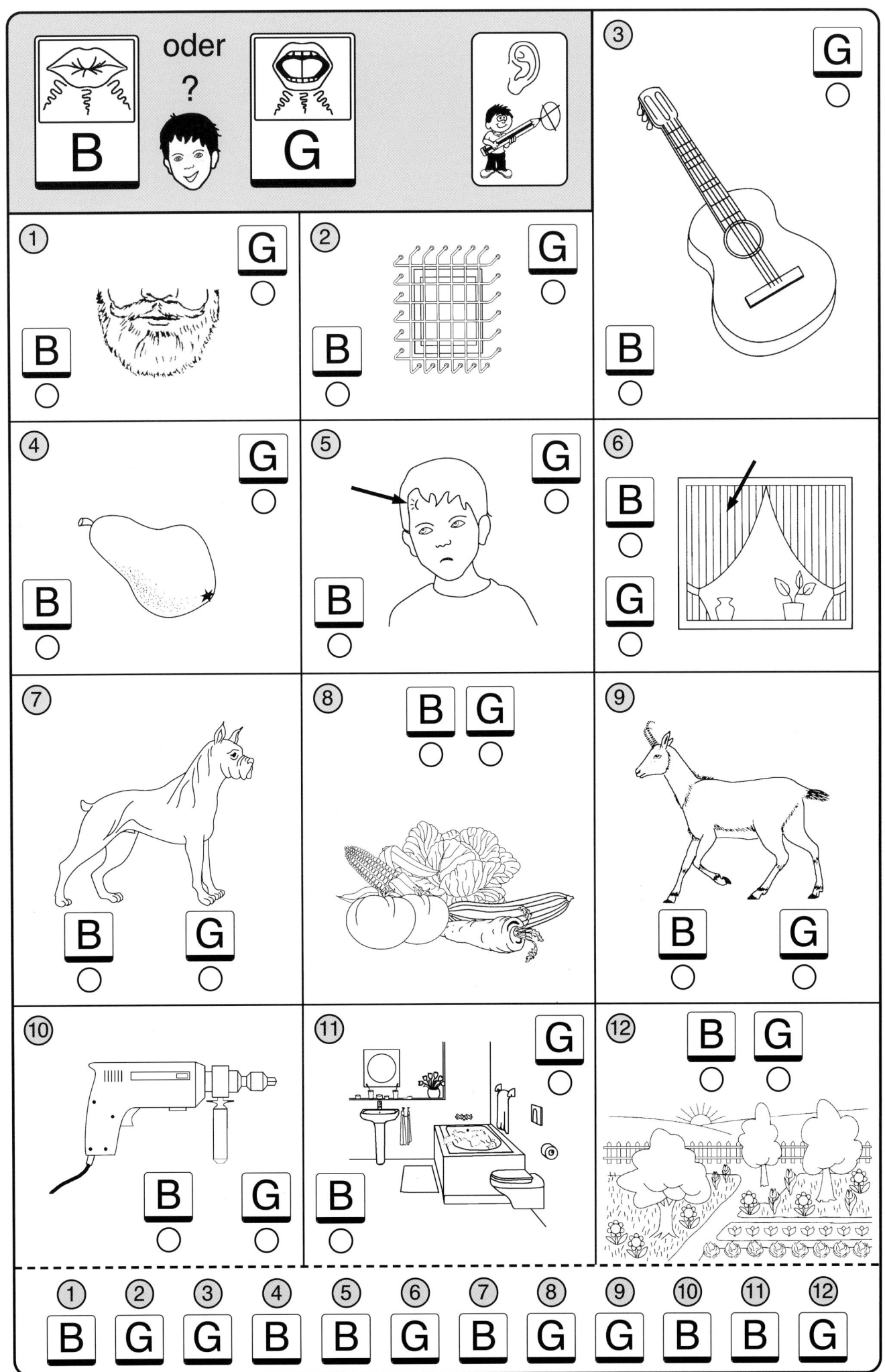

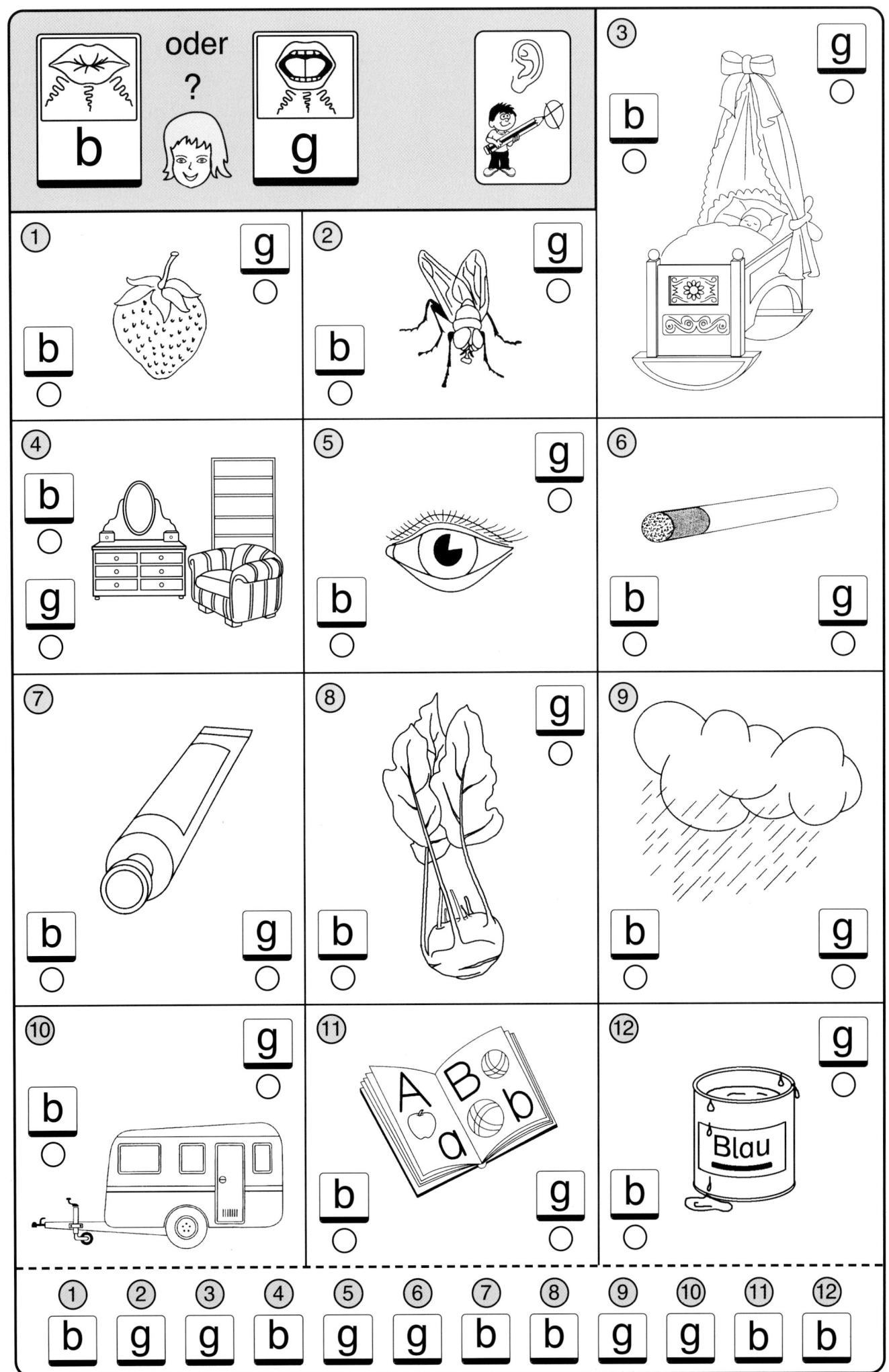

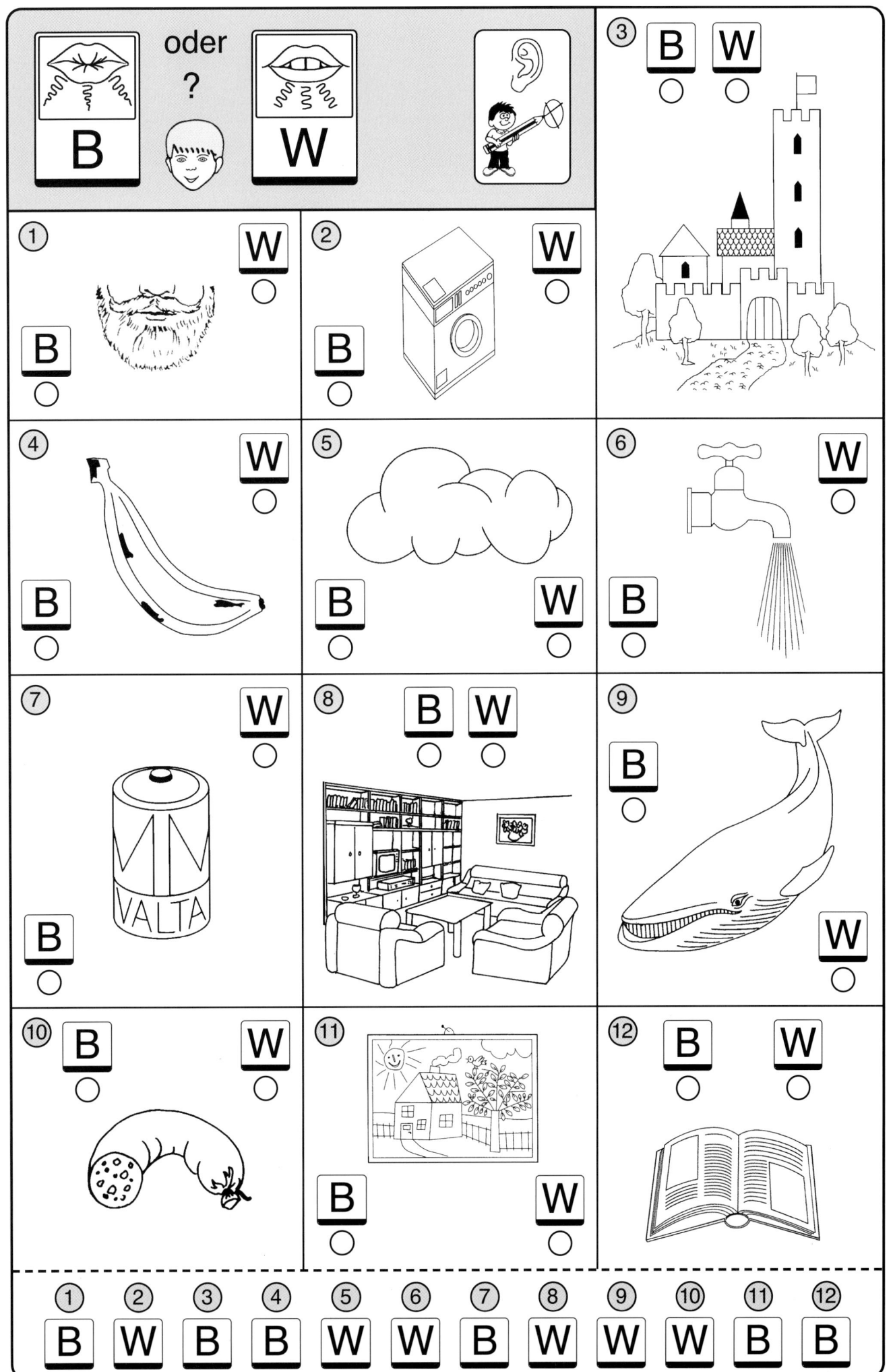

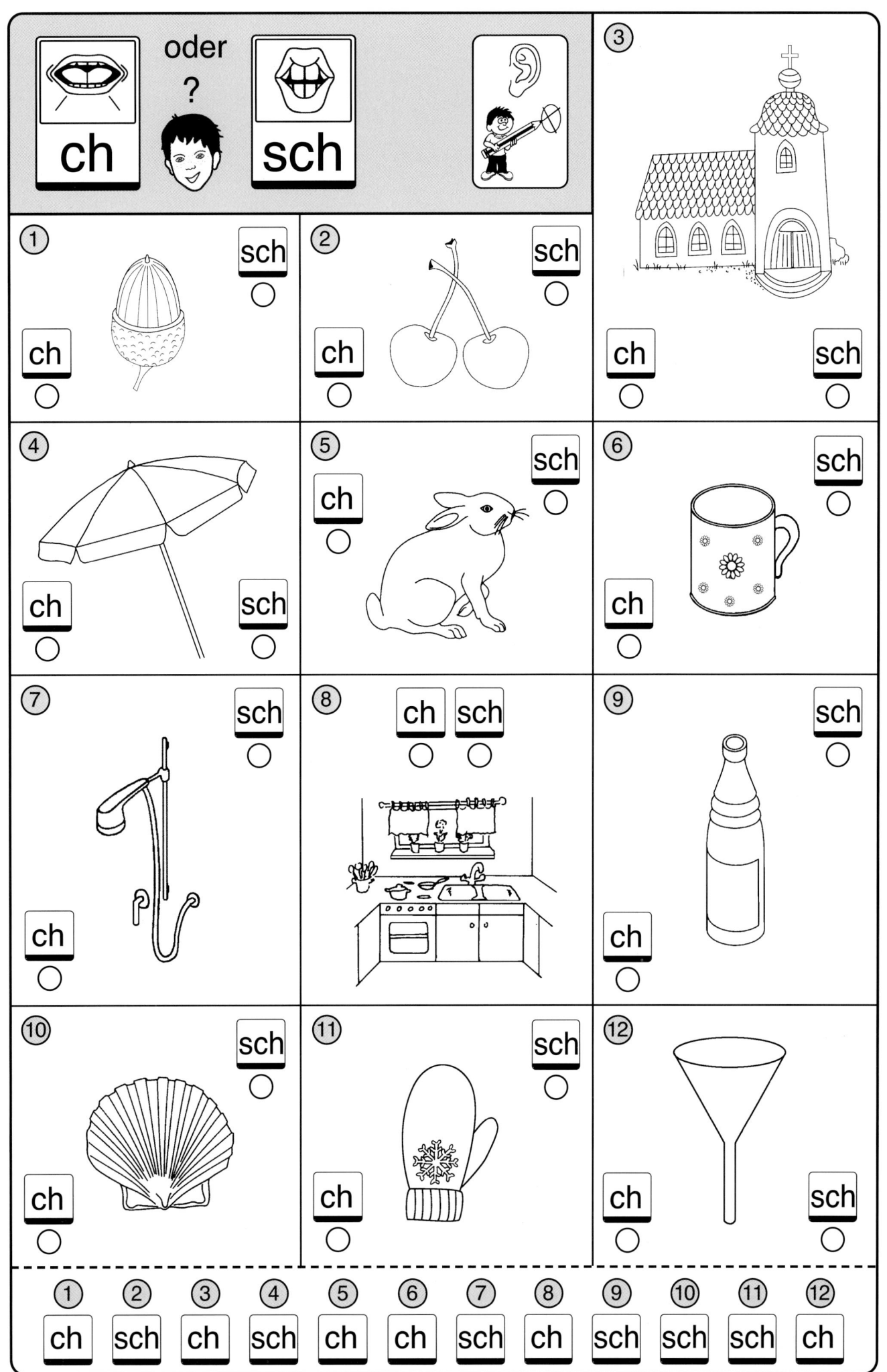

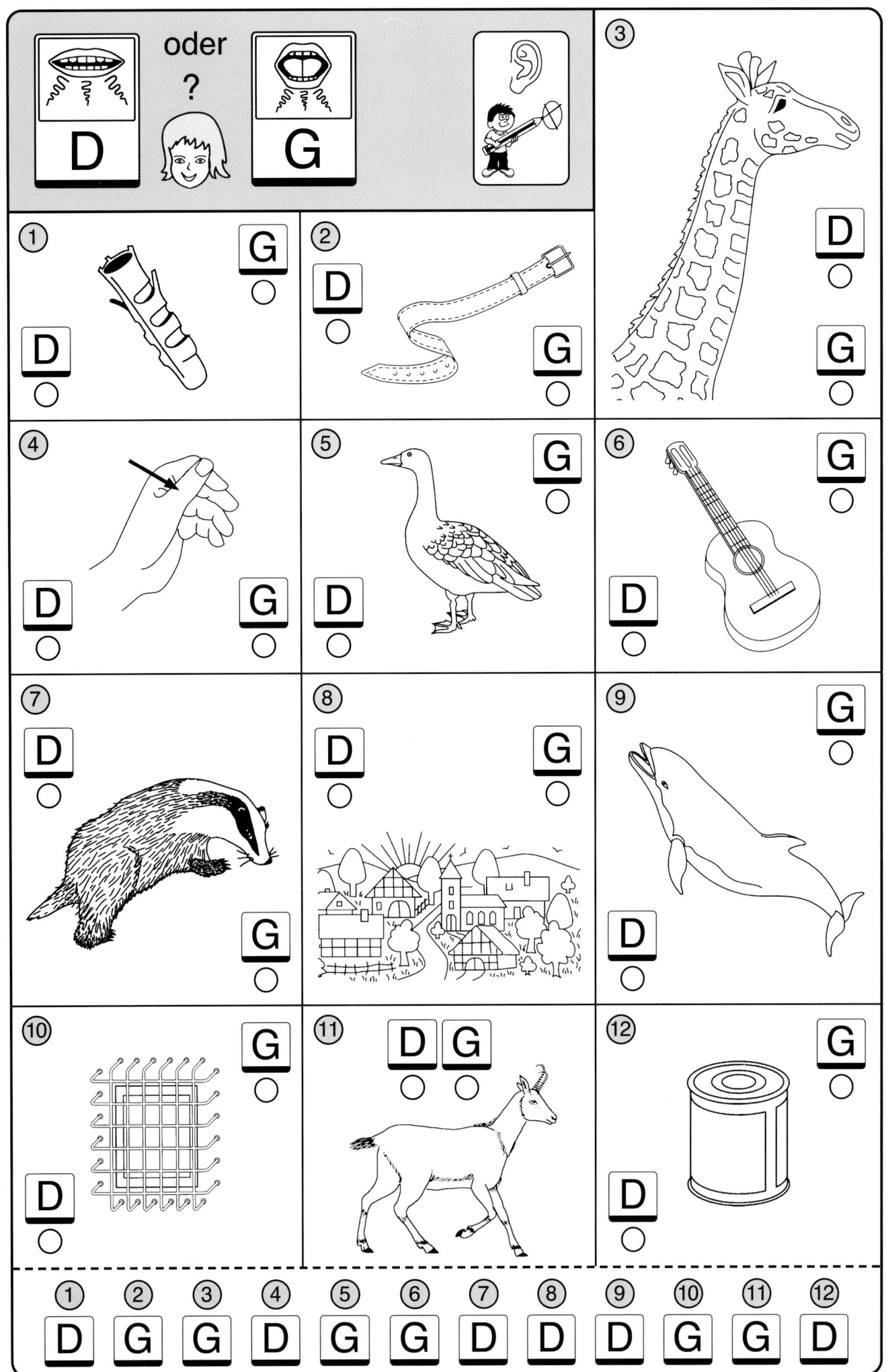

d oder **g** ?

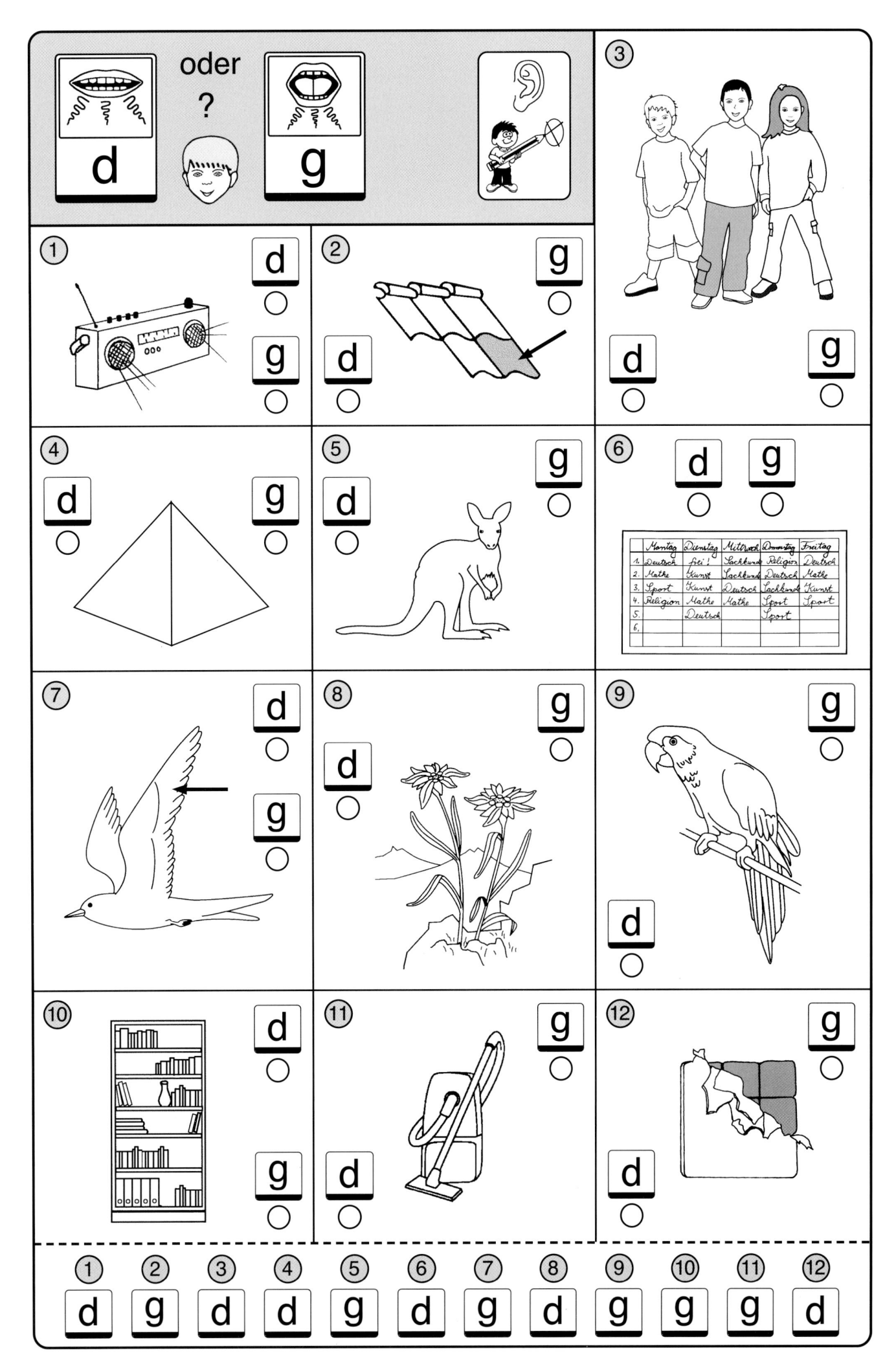

① radio — d / g	② roof tiles — g / d	③ three children
④ pyramid — d / g	⑤ kangaroo — g / d	⑥ schedule — d / g
⑦ bird (wing) — d / g	⑧ edelweiss — g / d	⑨ parrot — g / d
⑩ bookshelf — d / g	⑪ vacuum cleaner — g / d	⑫ blanket/bed — g / d

① d ② g ③ d ④ d ⑤ g ⑥ d ⑦ g ⑧ d ⑨ g ⑩ g ⑪ g ⑫ d

Bd. 124. Heiner Müller: Wir unterscheiden ähnliche Laute

oder ?

D / K

#	1	2	3	4	5	6	7	8	9	10	11	12
	K	D	K	K	D	K	D	K	D	K	D	D

Bd. 124. Heiner Müller: Wir unterscheiden ähnliche Laute
© Persen Verlag, Horneburg/Niederelbe 2002

d oder **k** ?

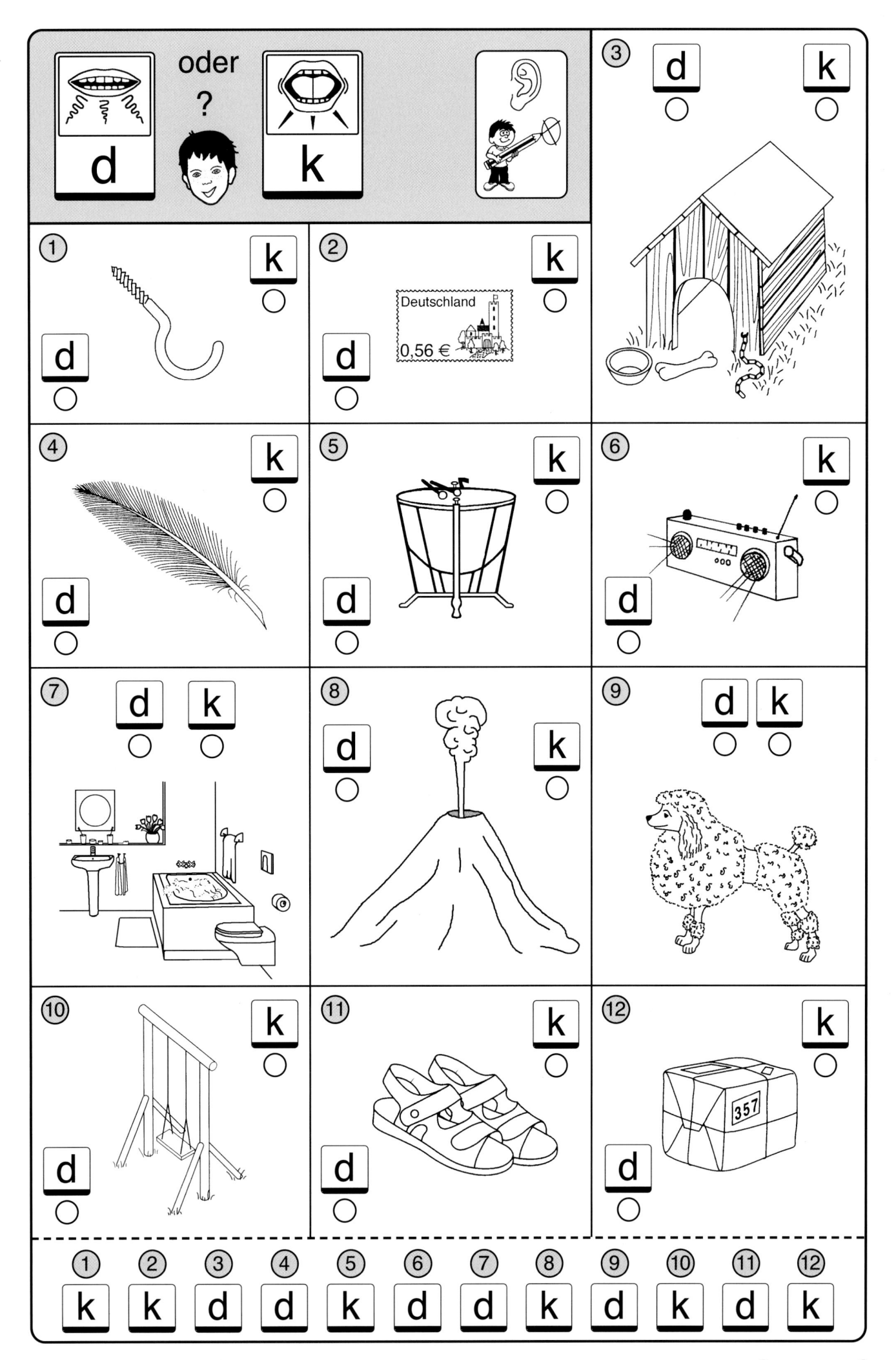

1 2 3 4 5 6 7 8 9 10 11 12
k k d d k d d k d k d k

D oder L ?

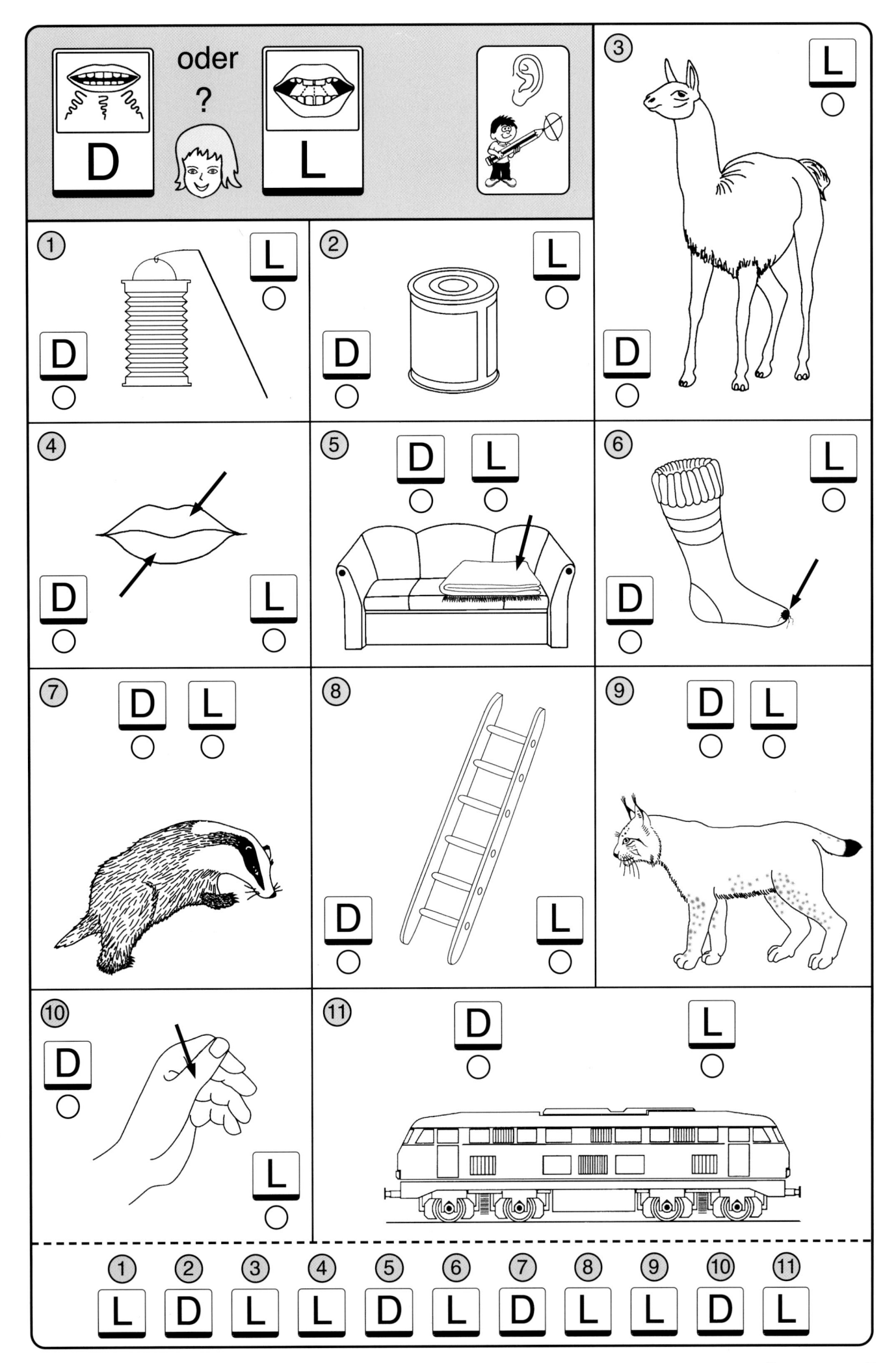

– 22 –

d oder l ?

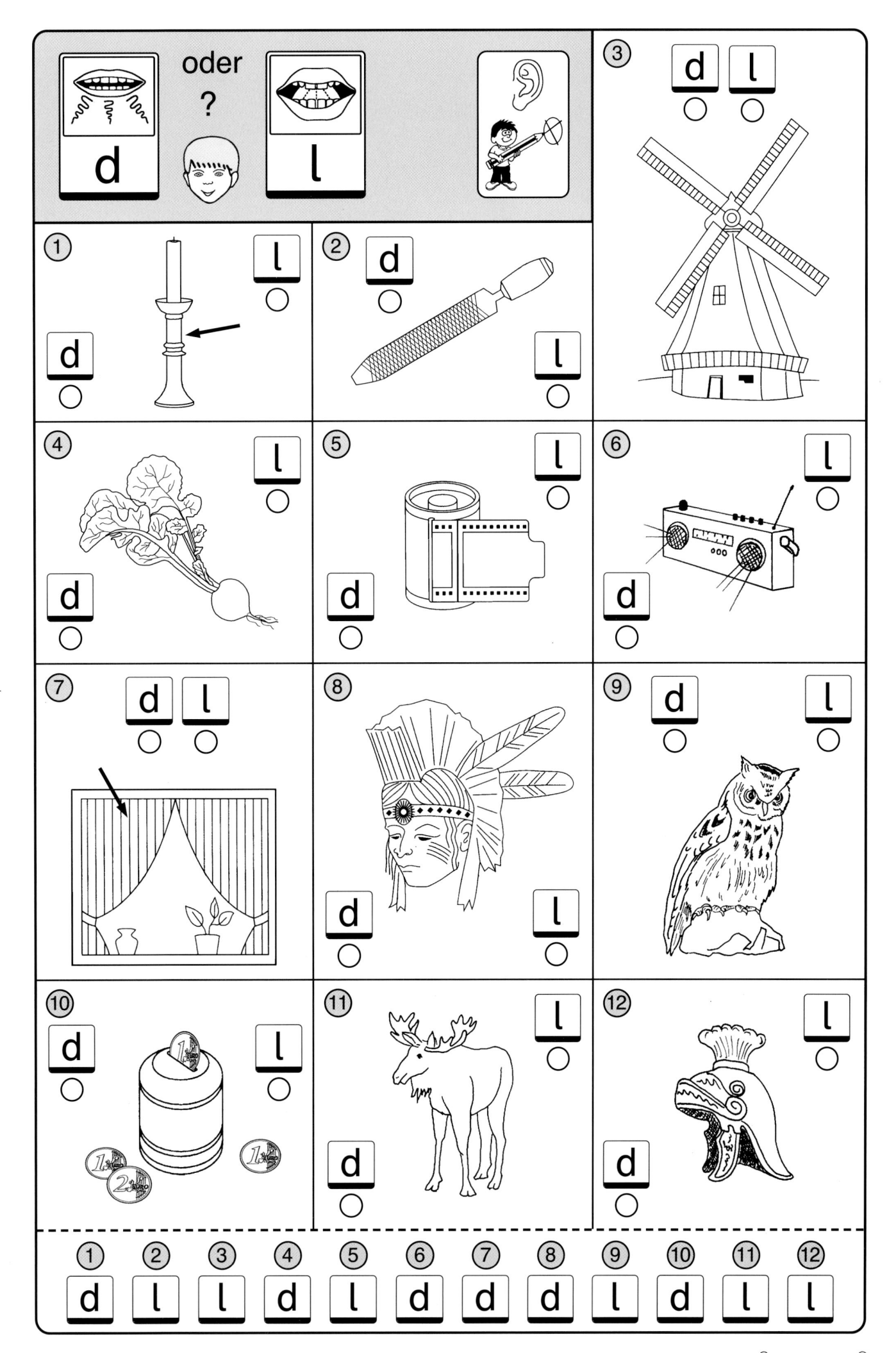

1	2	3
4	5	6
7	8	9
10	11	12

1	2	3	4	5	6	7	8	9	10	11	12
d	d l	l	d	l	d	d	d	l	d	l	l

D oder T?

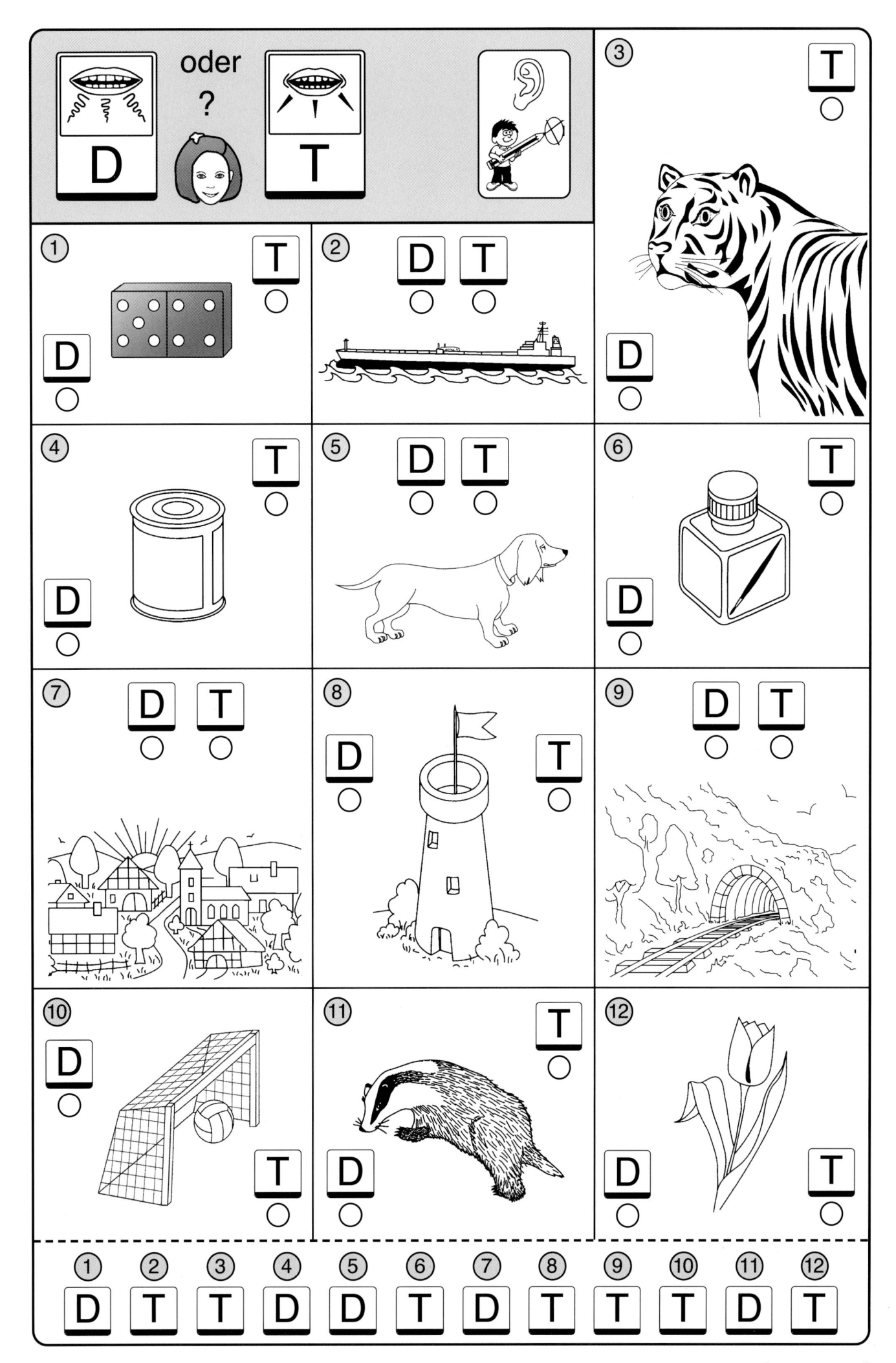

1. D / T — (Würfel)
2. D / T — (Tanker)
3. D / T — (Tiger)
4. D / T — (Dose)
5. D / T — (Dackel)
6. D / T — (Tinte)
7. D / T — (Dorf)
8. D / T — (Turm)
9. D / T — (Tunnel)
10. D / T — (Tor)
11. D / T — (Dachs)
12. D / T — (Tulpe)

1	2	3	4	5	6	7	8	9	10	11	12
D	T	T	D	D	T	D	T	T	T	D	T

Bd. 124. Heiner Müller: Wir unterscheiden ähnliche Laute
© Persen Verlag, Horneburg/Niederelbe 2002

1	2	3	4	5	6	7	8	9	10	11	12
t	t	d	d	t	d	d	t	t	d	t	d

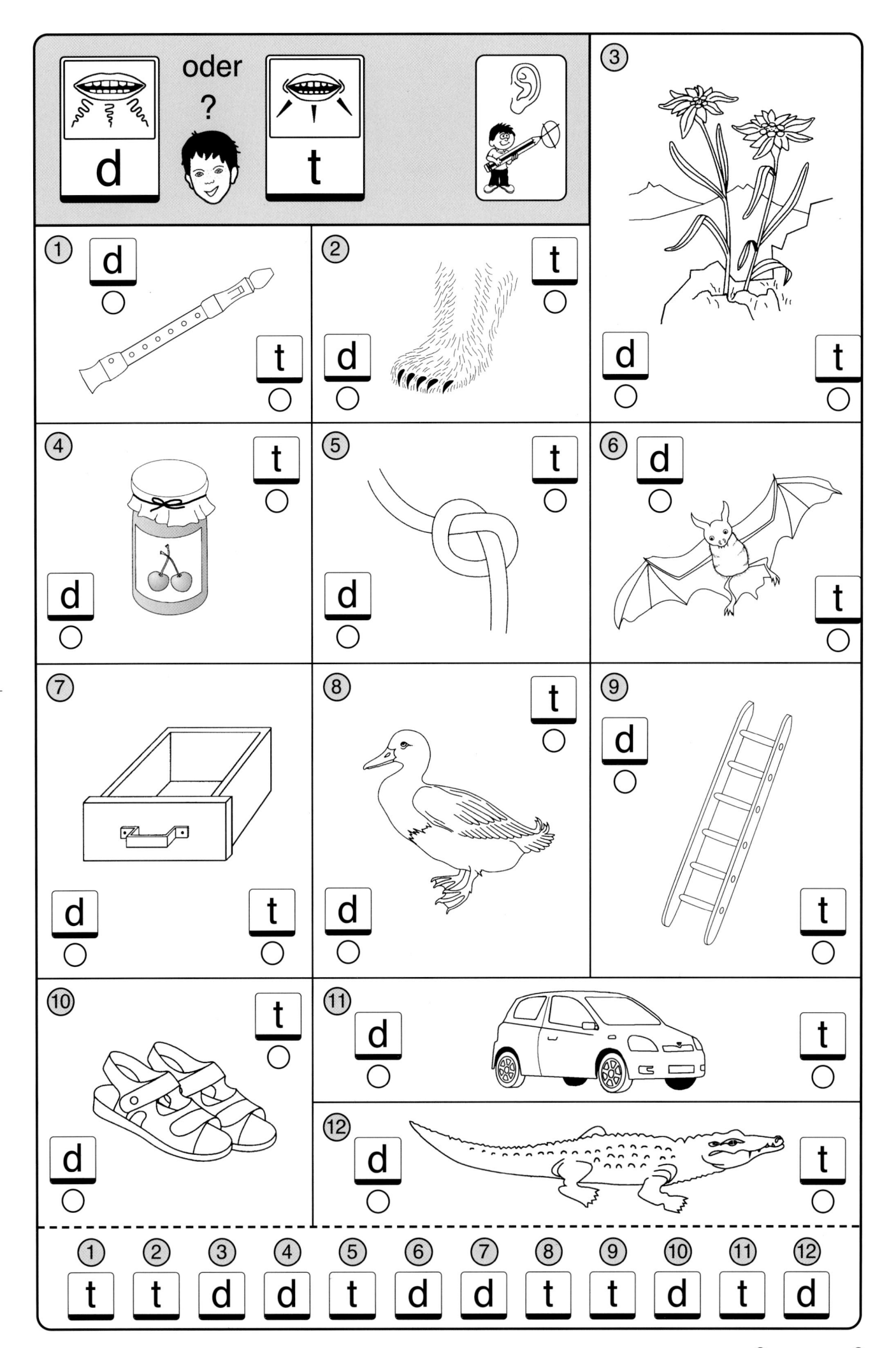

Dr **dr** oder? **Tr** **tr**

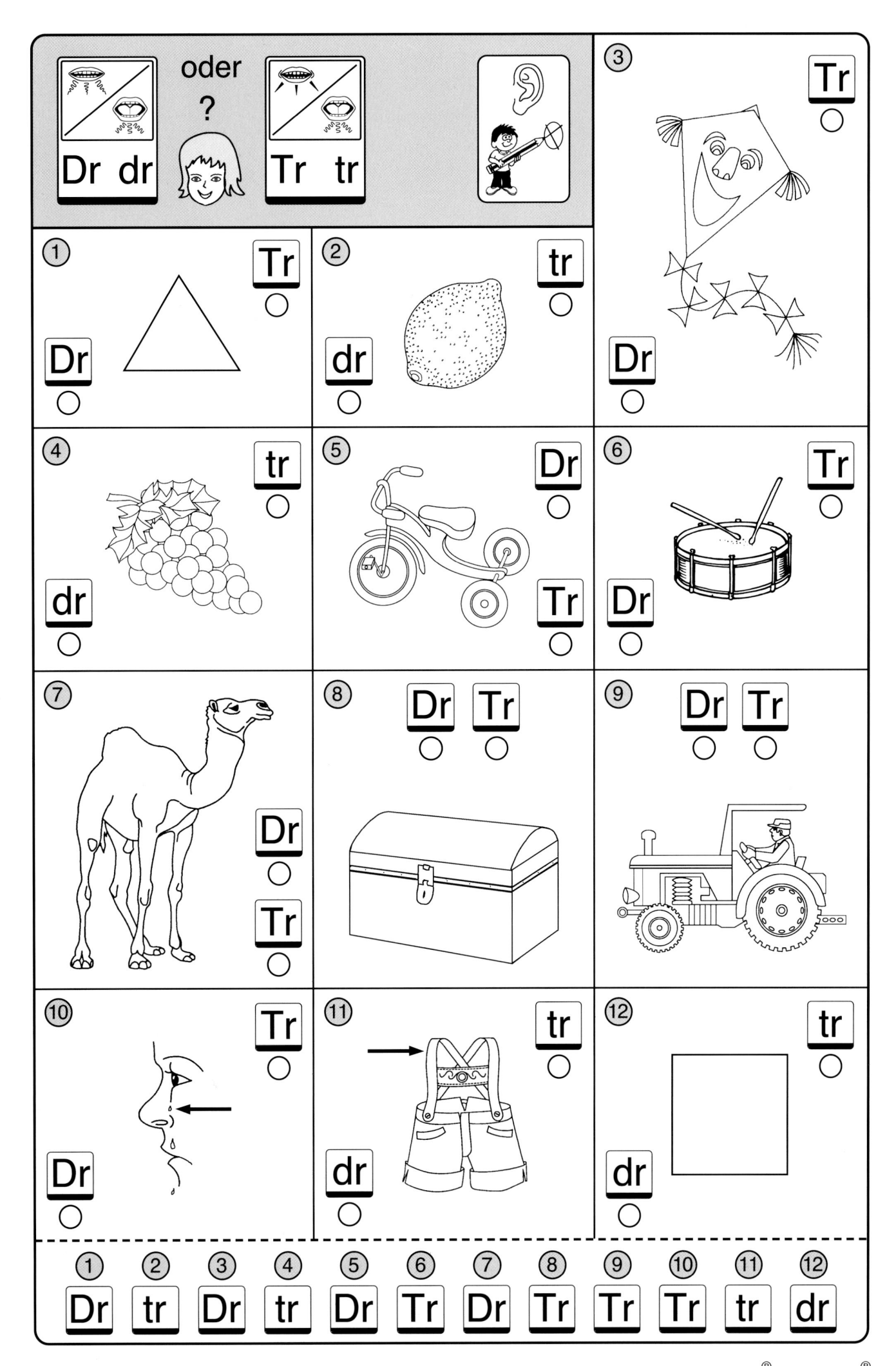

#	Bild	Auswahl
1	Dreieck	Tr / Dr
2	Zitrone	tr / dr
3	Drachen	Tr / Dr
4	Trauben	tr / dr
5	Dreirad	Dr / Tr
6	Trommel	Tr / Dr
7	Dromedar	Dr / Tr
8	Truhe	Dr / Tr
9	Traktor	Dr / Tr
10	Träne	Tr / Dr
11	Trägerhose	tr / dr
12	Viereck (Quadrat)	tr / dr

Lösungsleiste:
① Dr ② tr ③ Dr ④ tr ⑤ Dr ⑥ Tr ⑦ Dr ⑧ Tr ⑨ Tr ⑩ Tr ⑪ tr ⑫ dr

Bd. 124. Heiner Müller: Wir unterscheiden ähnliche Laute
© Persen Verlag, Horneburg/Niederelbe 2002

E e oder E e ?

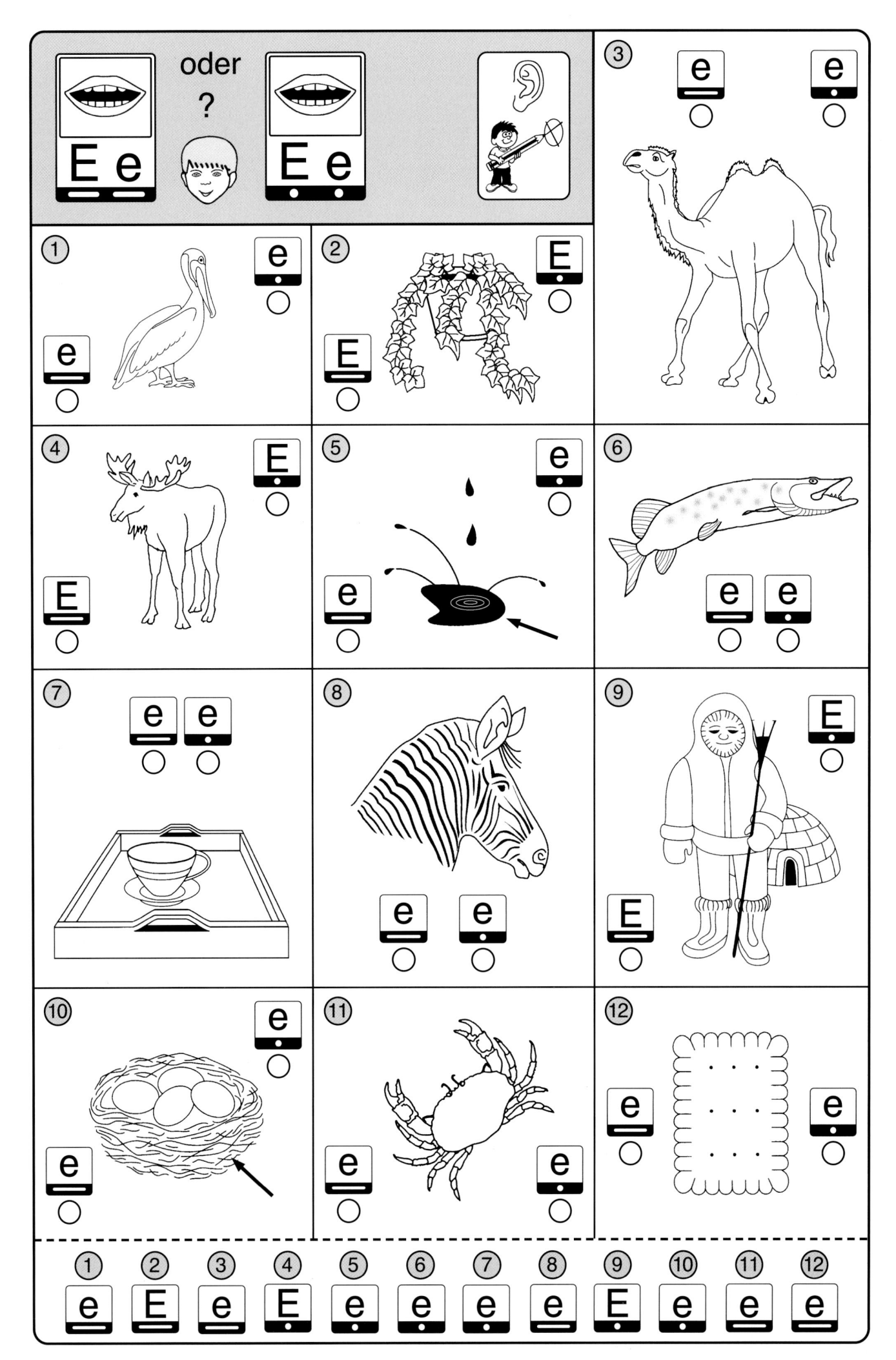

1	2	3
4	5	6
7	8	9
10	11	12

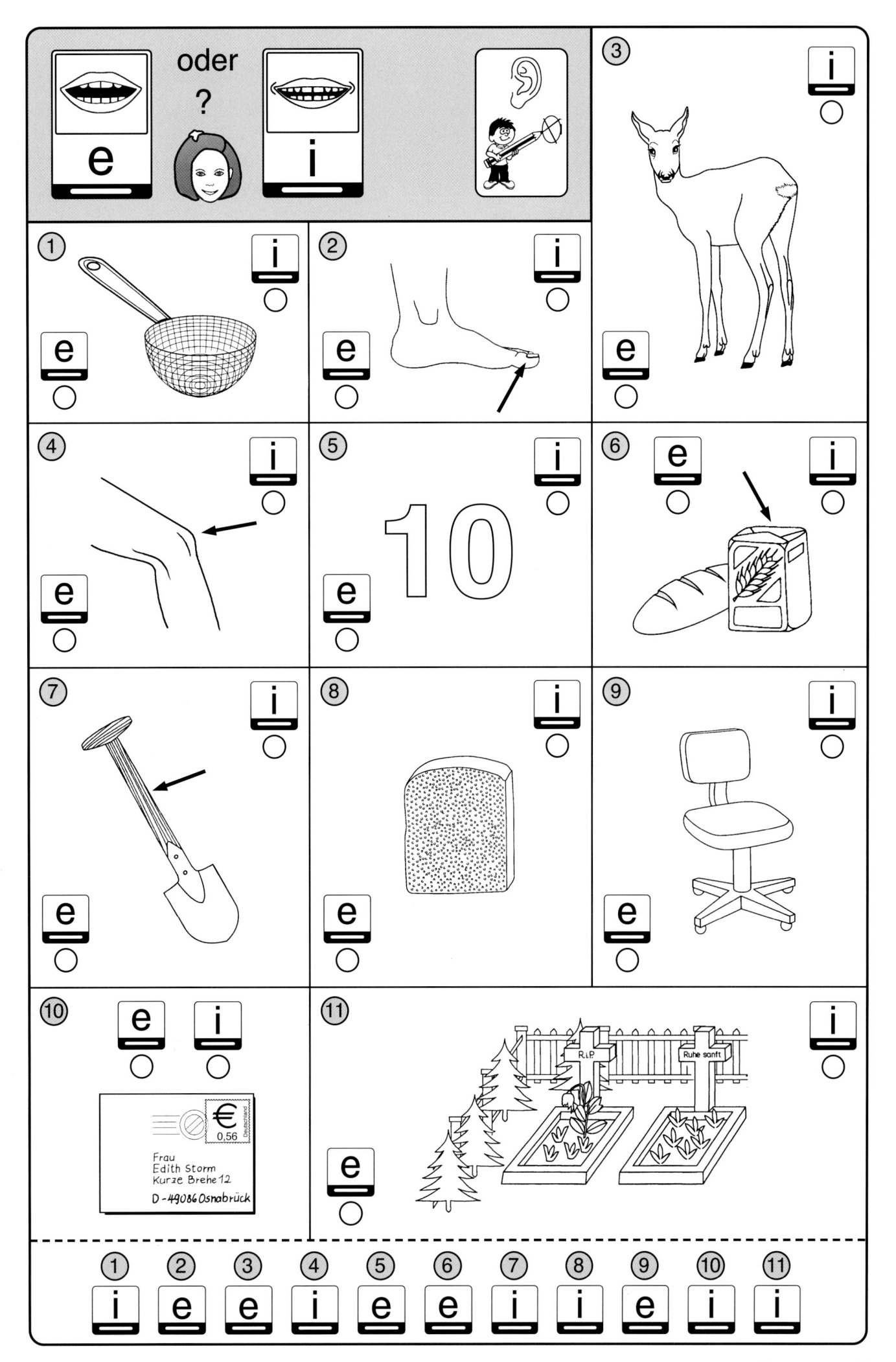

Bd. 124. Heiner Müller: Wir unterscheiden ähnliche Laute
© Persen Verlag, Horneburg/Niederelbe 2002

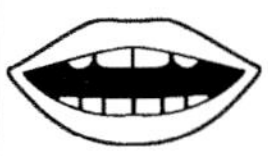

e

oder

?

i

③ i ○

e ○

① i ○

e ○

② i ○

e ○

④ i ○

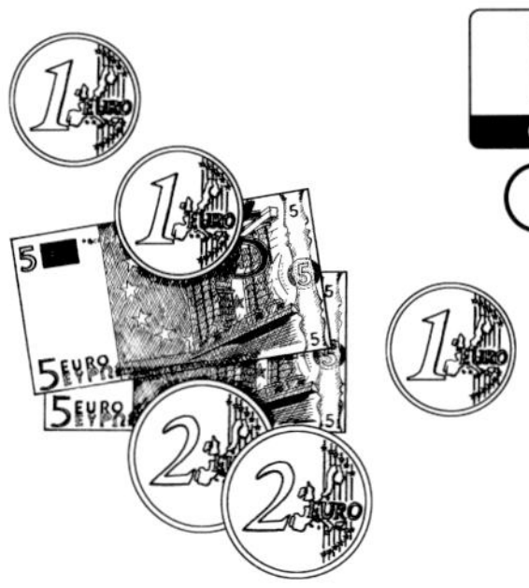

e ○

⑤ e ○ i ○

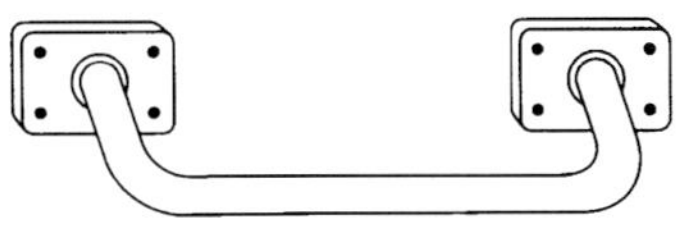

⑥ i ○

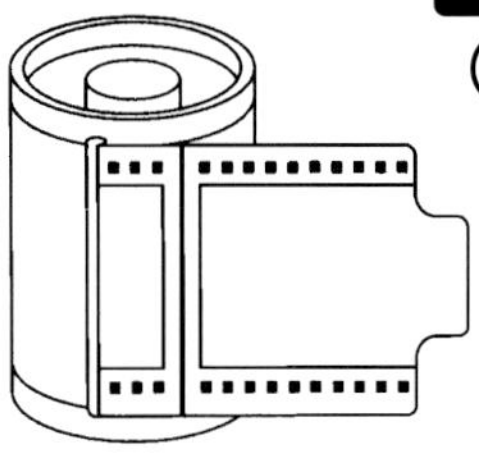

e ○

⑦ i ○

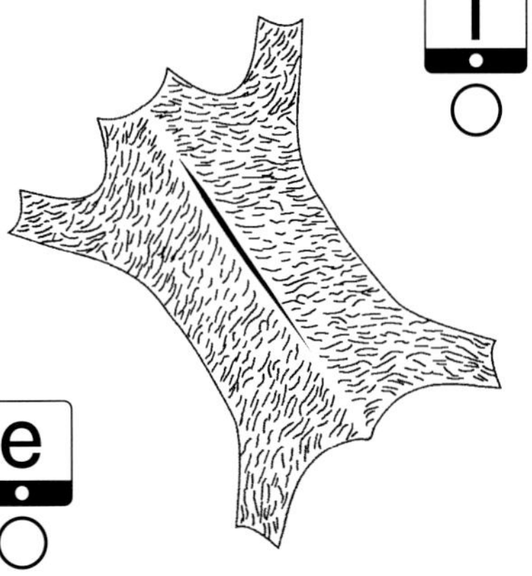

e ○

⑧

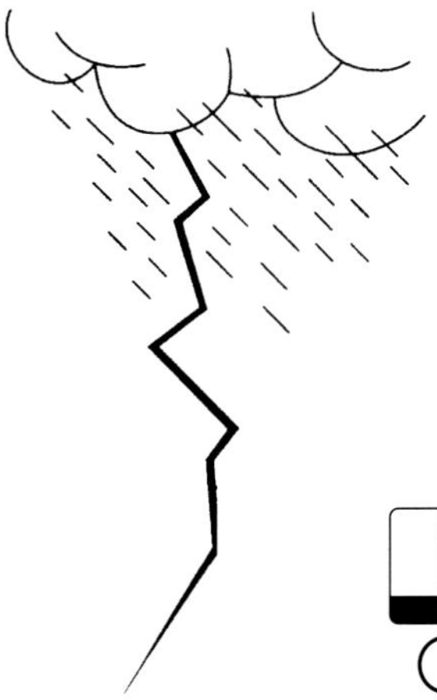

e ○ i ○

⑨ i ○

e ○

⑩

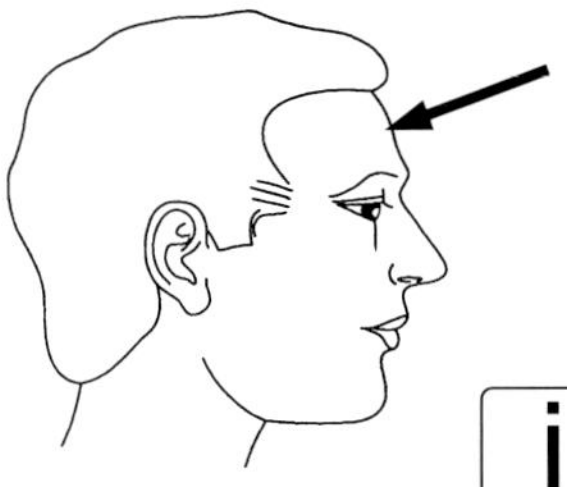

e ○ i ○

⑪ i ○

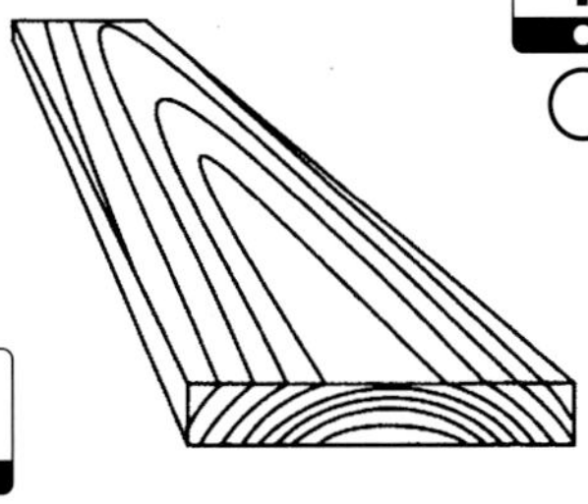

e ○

⑫

e ○ i ○

①	②	③	④	⑤	⑥	⑦	⑧	⑨	⑩	⑪	⑫
i	e	i	e	i	i	e	i	e	i	e	e

Persen® Bergedorfer®
Best.-Nr. 2148

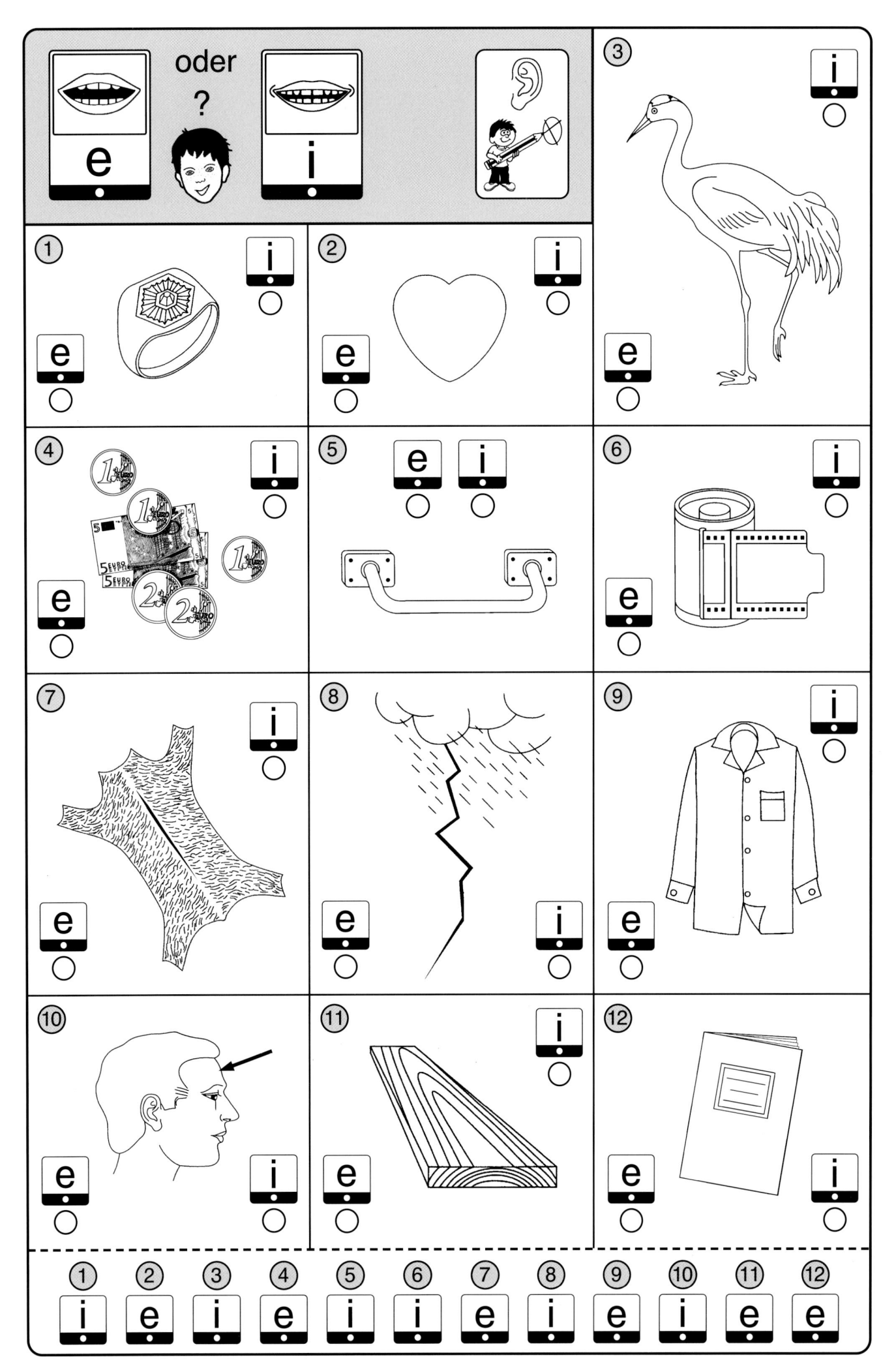

Ei ei oder ? Eu eu		③ Eu / Ei — (Eule)
① eu / ei (Efeu)	② Eu / Ei (Eichel)	
④ Eu / Ei (Eichhörnchen)	⑤ Eu / Ei (Eimer)	⑥ eu / ei (Kreuz)
⑦ ei / eu (Beule)	⑧ eu / ei (Werkzeug)	⑨ eu / ei (Kreisel)
⑩ eu / ei (Reifen)	⑪ eu / ei (Scheibe)	⑫ ei / eu (Kreuzung)

① eu　② Ei　③ Eu　④ Ei　⑤ Ei　⑥ eu　⑦ eu　⑧ eu　⑨ ei　⑩ ei　⑪ ei　⑫ eu

F f oder Pf pf ?

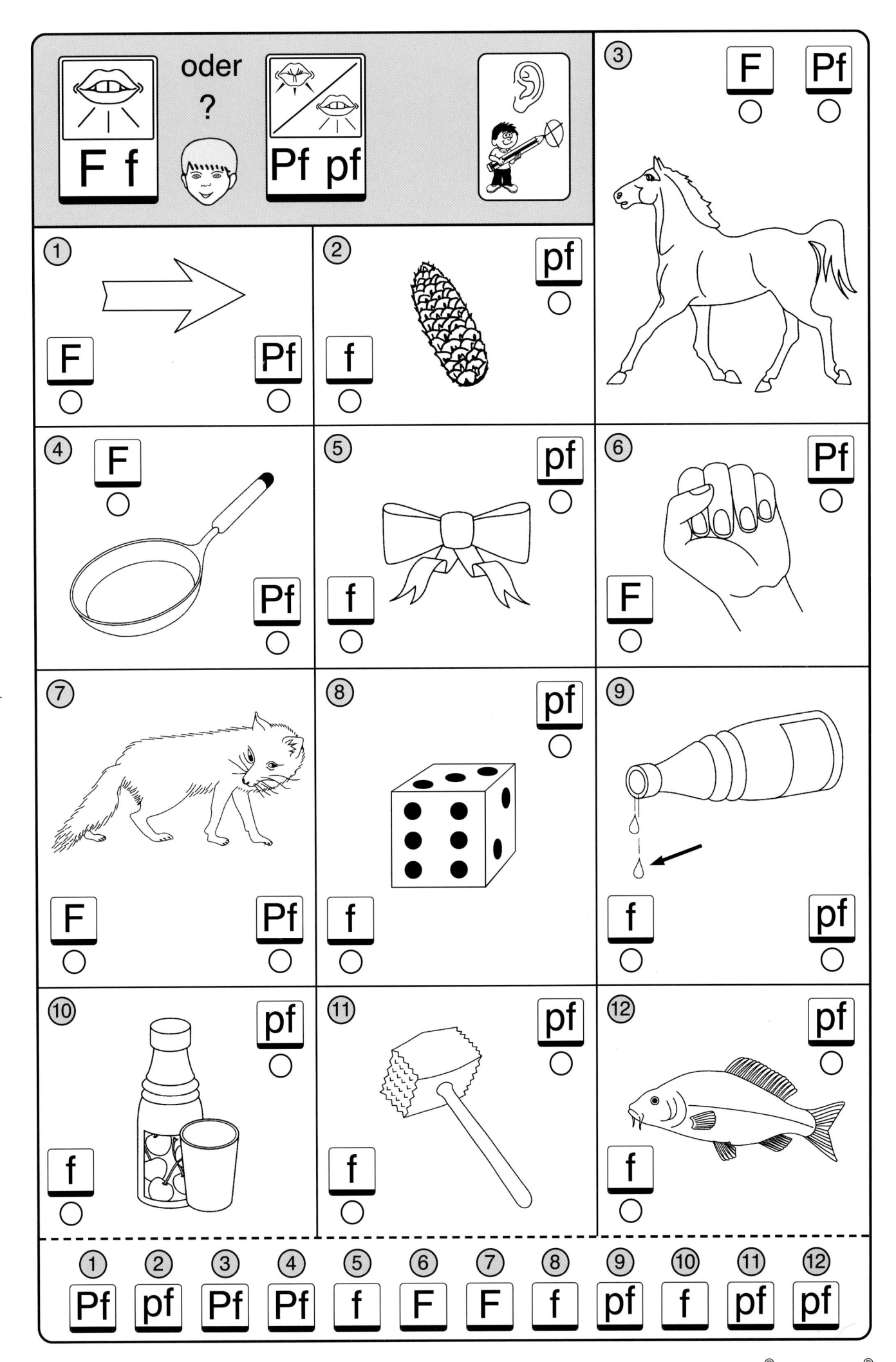

#	Bild	Optionen
1	Pfeil	F / Pf
2	Tannenzapfen	f / pf
3	Pferd	F / Pf
4	Pfanne	F / Pf
5	Schleife	pf / f
6	Faust	Pf / F
7	Fuchs	F / Pf
8	Würfel	pf / f
9	Tropfen	f / pf
10	Flasche	pf / f
11	Pfefferstreuer	pf / f
12	Fisch	pf / f

Lösung:
1: Pf 2: pf 3: Pf 4: Pf 5: f 6: F 7: F 8: f 9: pf 10: f 11: pf 12: pf

Bd. 124. Heiner Müller: Wir unterscheiden ähnliche Laute
© Persen Verlag, Horneburg/Niederelbe 2002

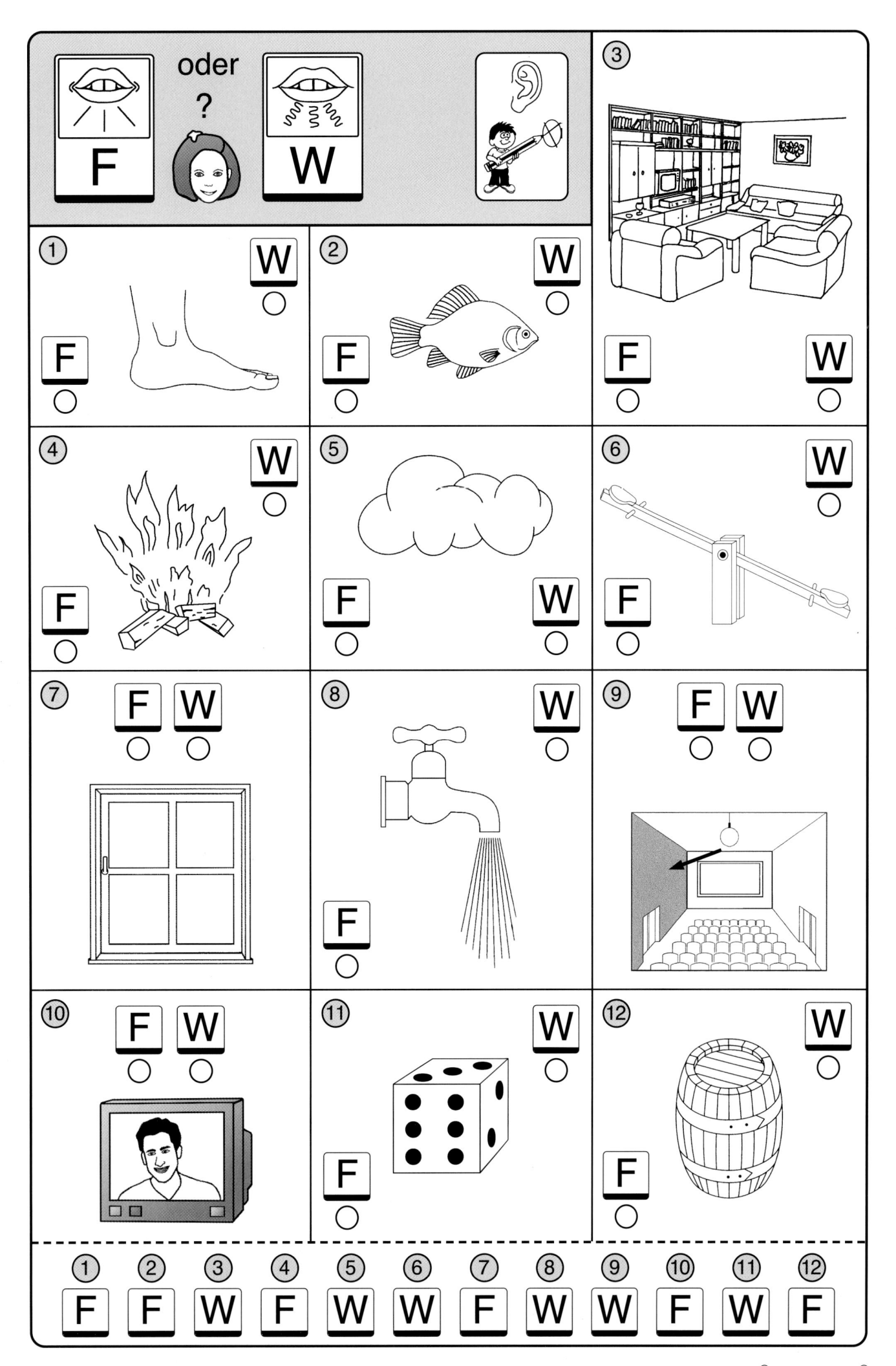

Bd. 124. Heiner Müller: Wir unterscheiden ähnliche Laute
© Persen Verlag, Horneburg/Niederelbe 2002

f oder **w** ?

#	1	2	3	4	5	6	7	8	9	10	11	12
	f	w	f	w	w	f	w	f	w	f	f	f

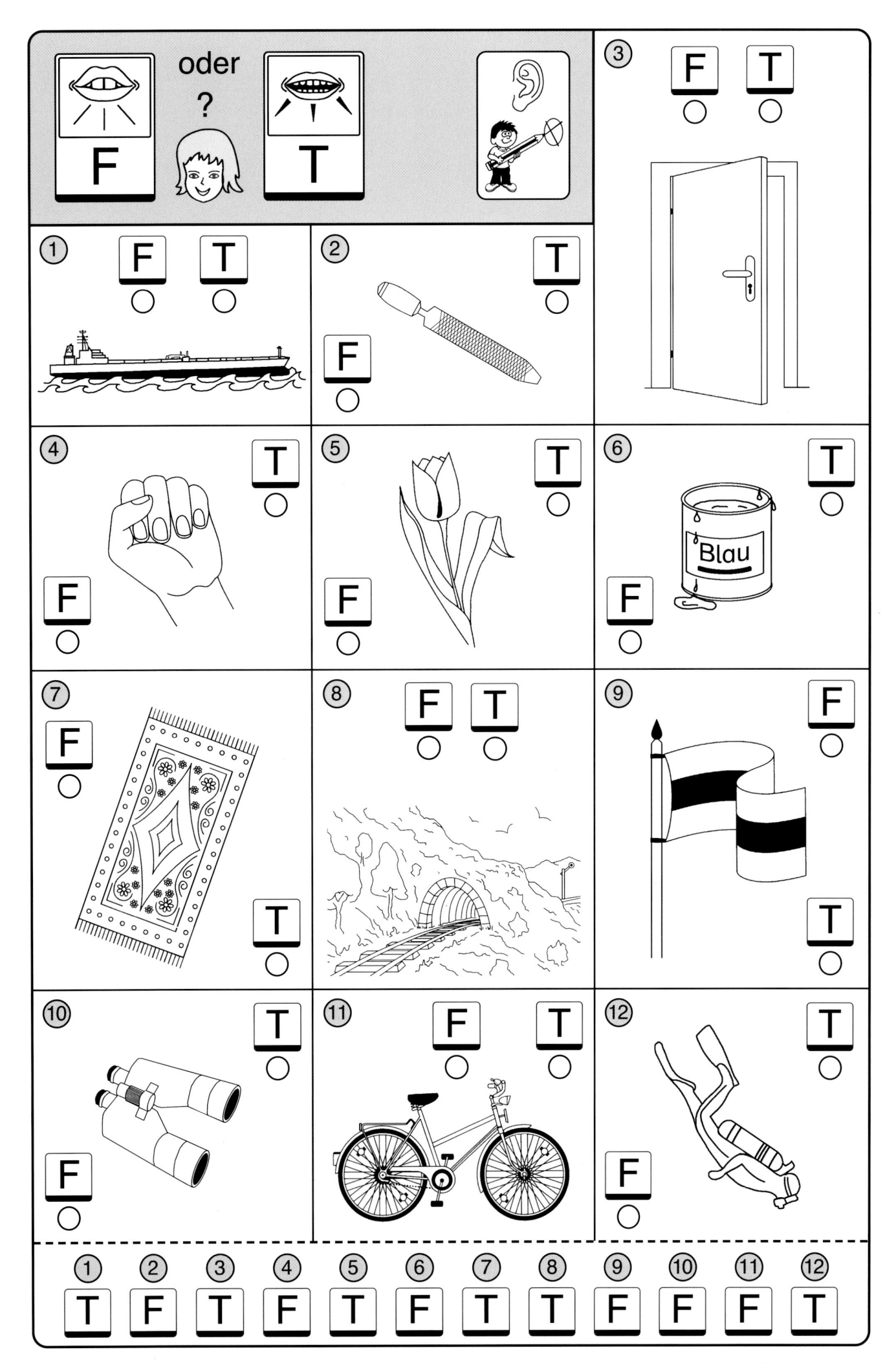

Bd. 124. Heiner Müller: Wir unterscheiden ähnliche Laute
© Persen Verlag, Horneburg/Niederelbe 2002

– 34 –

Bergedorfer®
Best.-Nr. 2148

f oder s ?

#	1	2	3	4	5	6	7	8	9	10	11	12
	f	s	f	f	s	f	f	s	f	f	s	s

F f oder **Sch sch** ?

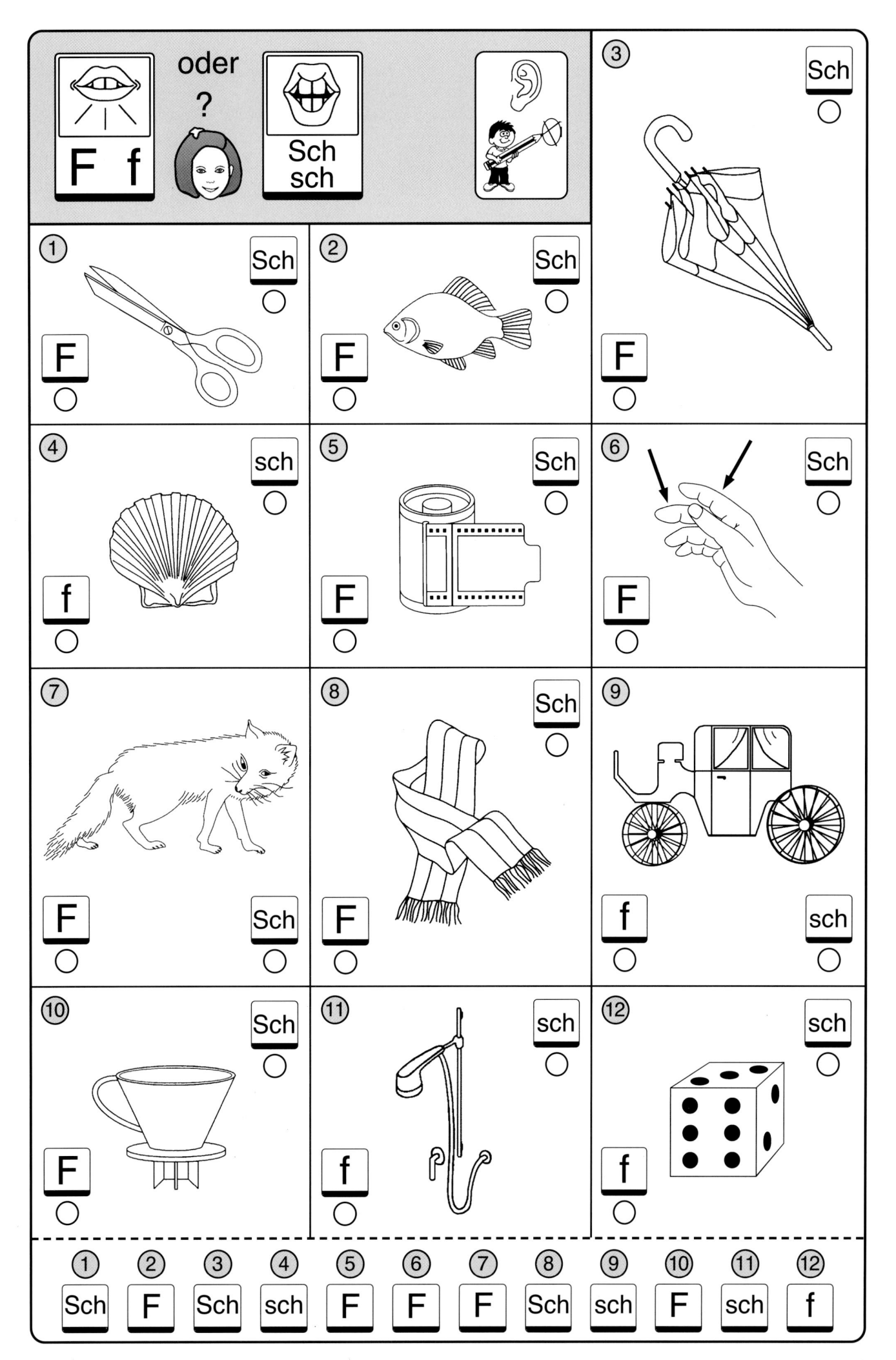

1	2	3
Schere — Sch/F	Fisch — Sch/F	Schirm — Sch/F
4	5	6
Muschel — sch/f	Film — Sch/F	Finger — Sch/F
7	8	9
Fuchs — F/Sch	Schal — Sch/F	Kutsche — f/sch
10	11	12
Filter — Sch/F	Pfeife — sch/f	Würfel — sch/f

①	②	③	④	⑤	⑥	⑦	⑧	⑨	⑩	⑪	⑫
Sch	F	Sch	sch	F	F	F	Sch	sch	F	sch	f

G oder K ?

1	2	3	4	5	6	7	8	9	10	11	12
G	K	G	K	K	G	G	K	K	G	G	K

g oder k ?

1 2 3 4 5 6 7 8 9 10 11 12
g k g g k g k k g k g k

oder ?

i oder ö ?

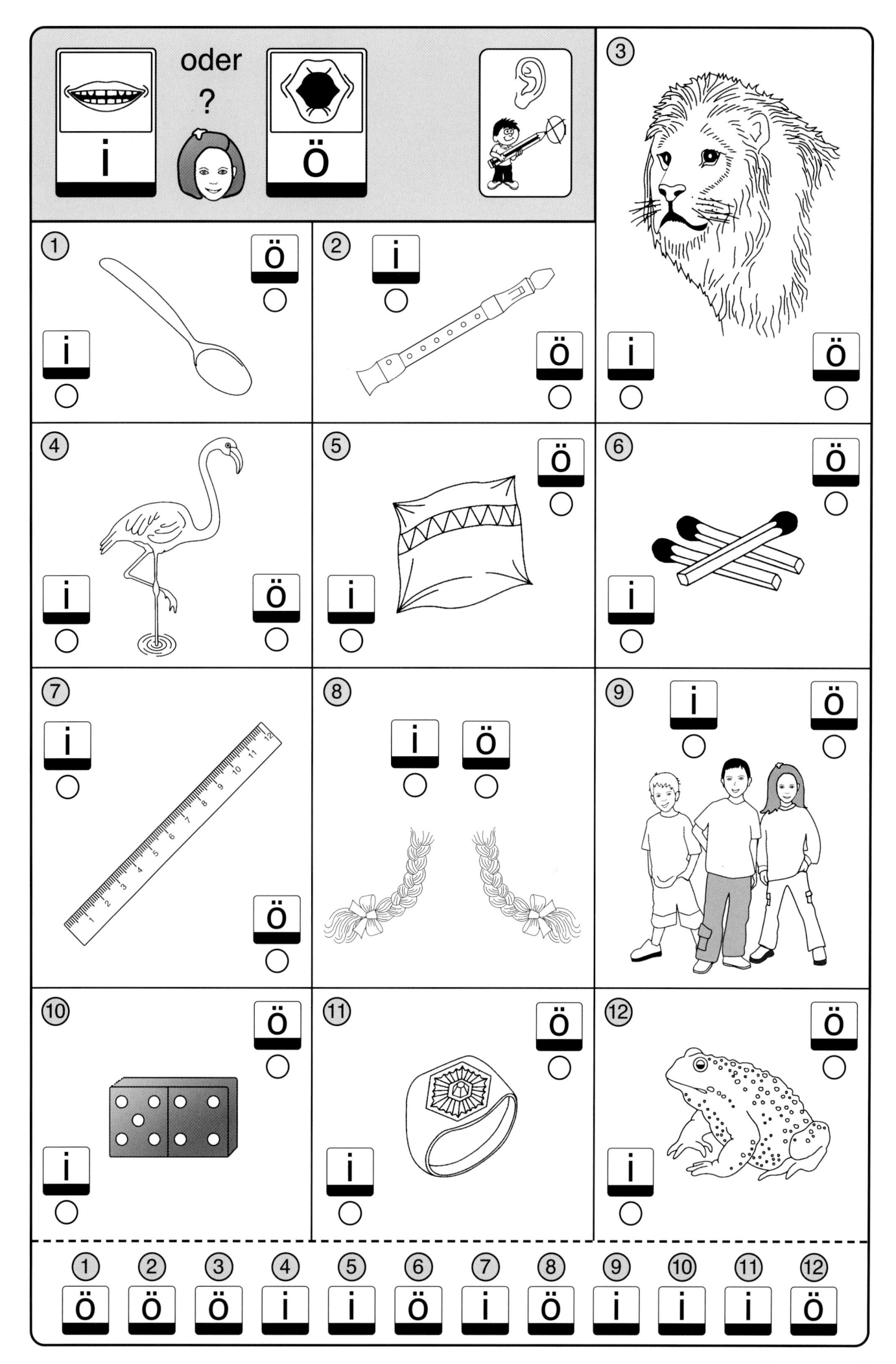

1 2 3 4 5 6 7 8 9 10 11 12
ö ö ö i i ö i ö i i i ö

ö oder ü?

1	2	3
4	5	6
7	8	9
10	11	12

1	2	3	4	5	6	7	8	9	10	11	12
ü	ü	ü	ö	ö	ü	ü	ö	ü	ö	ö	ö

K oder T?

1	2	3
4	5	6
7	8	9
10	11	12

1	2	3	4	5	6	7	8	9	10	11	12
K	K	K	T	T	T	T	T	K	K	T	T

Ute hat einen Roller.

Bd. 124. Heiner Müller: Wir unterscheiden ähnliche Laute
© Persen Verlag, Horneburg/Niederelbe 2002

k oder t ?

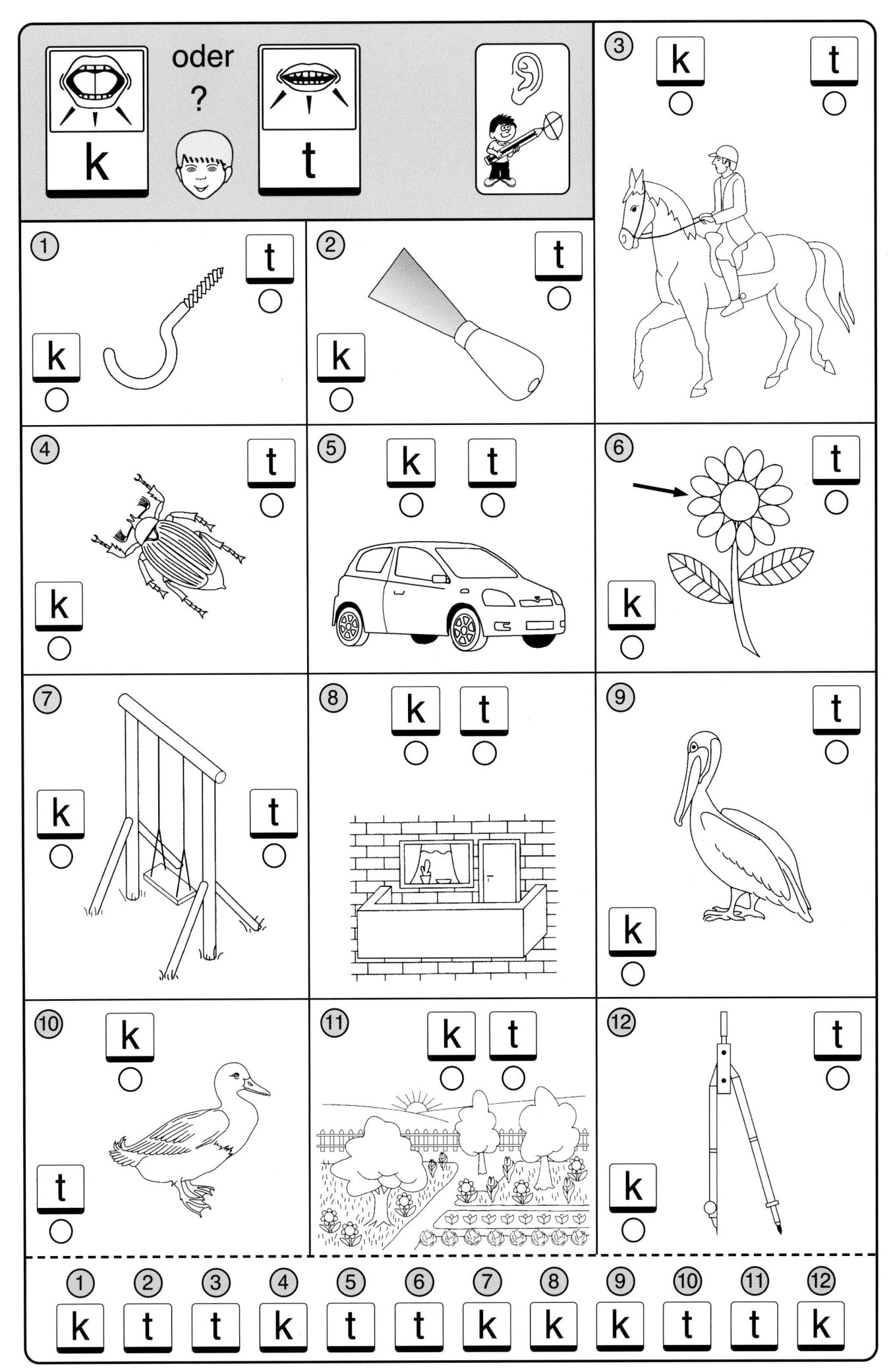

#	1	2	3	4	5	6	7	8	9	10	11	12
	k	t	t	k	kt	t	k	kt	k	k	kt	t

Kr oder **Tr** ?

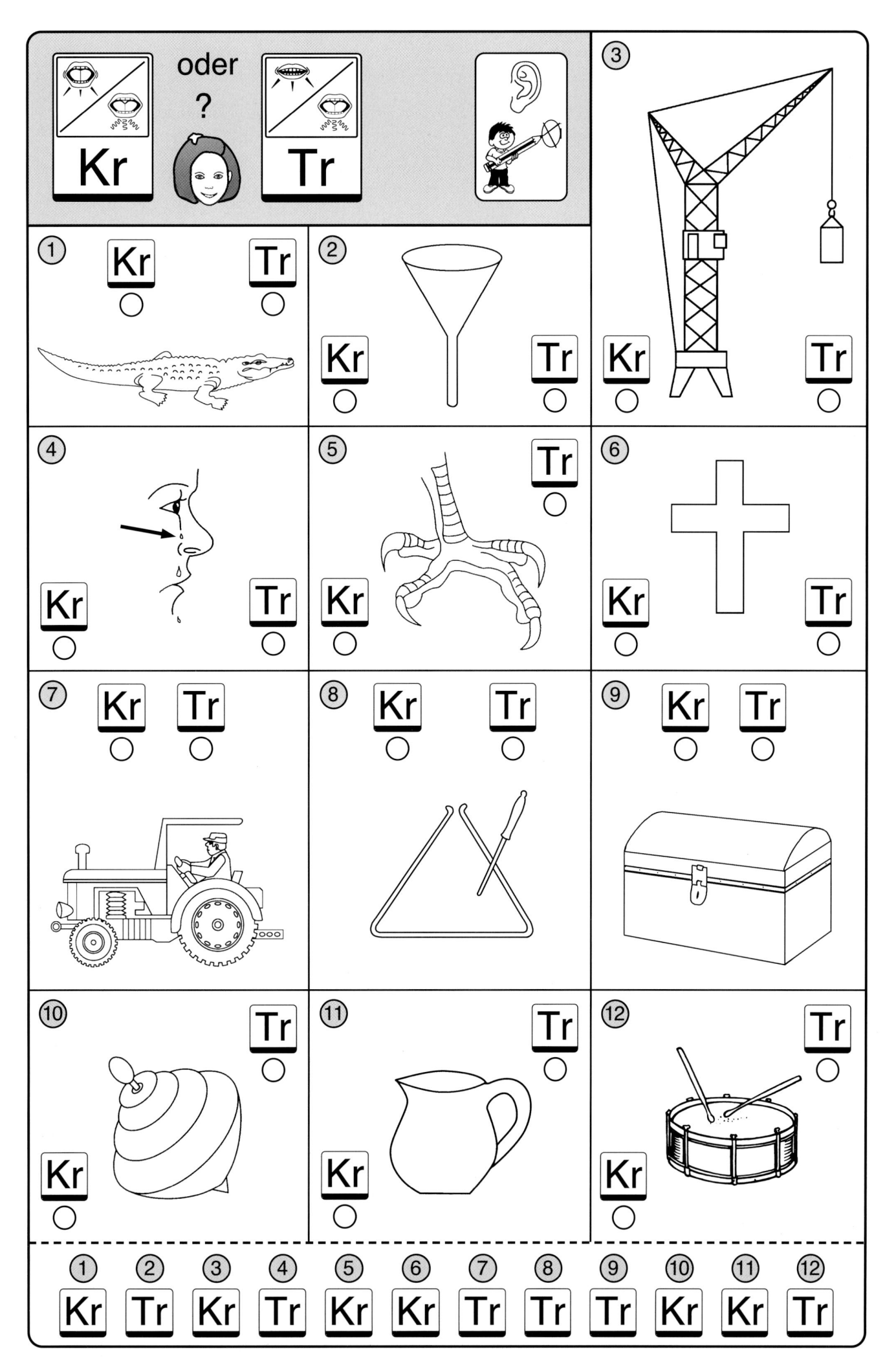

① Kr / Tr (Krokodil)	② Kr / Tr (Trichter)	③ Kr / Tr (Kran)
④ Kr / Tr (Träne)	⑤ Kr / Tr (Krallen)	⑥ Kr / Tr (Kreuz)
⑦ Kr / Tr (Traktor)	⑧ Kr / Tr (Triangel)	⑨ Kr / Tr (Truhe)
⑩ Kr / Tr (Kreisel)	⑪ Kr / Tr (Krug)	⑫ Kr / Tr (Trommel)

① Kr ② Tr ③ Kr ④ Tr ⑤ Kr ⑥ Kr ⑦ Tr ⑧ Tr ⑨ Tr ⑩ Kr ⑪ Kr ⑫ Tr

kr oder **tr** ?

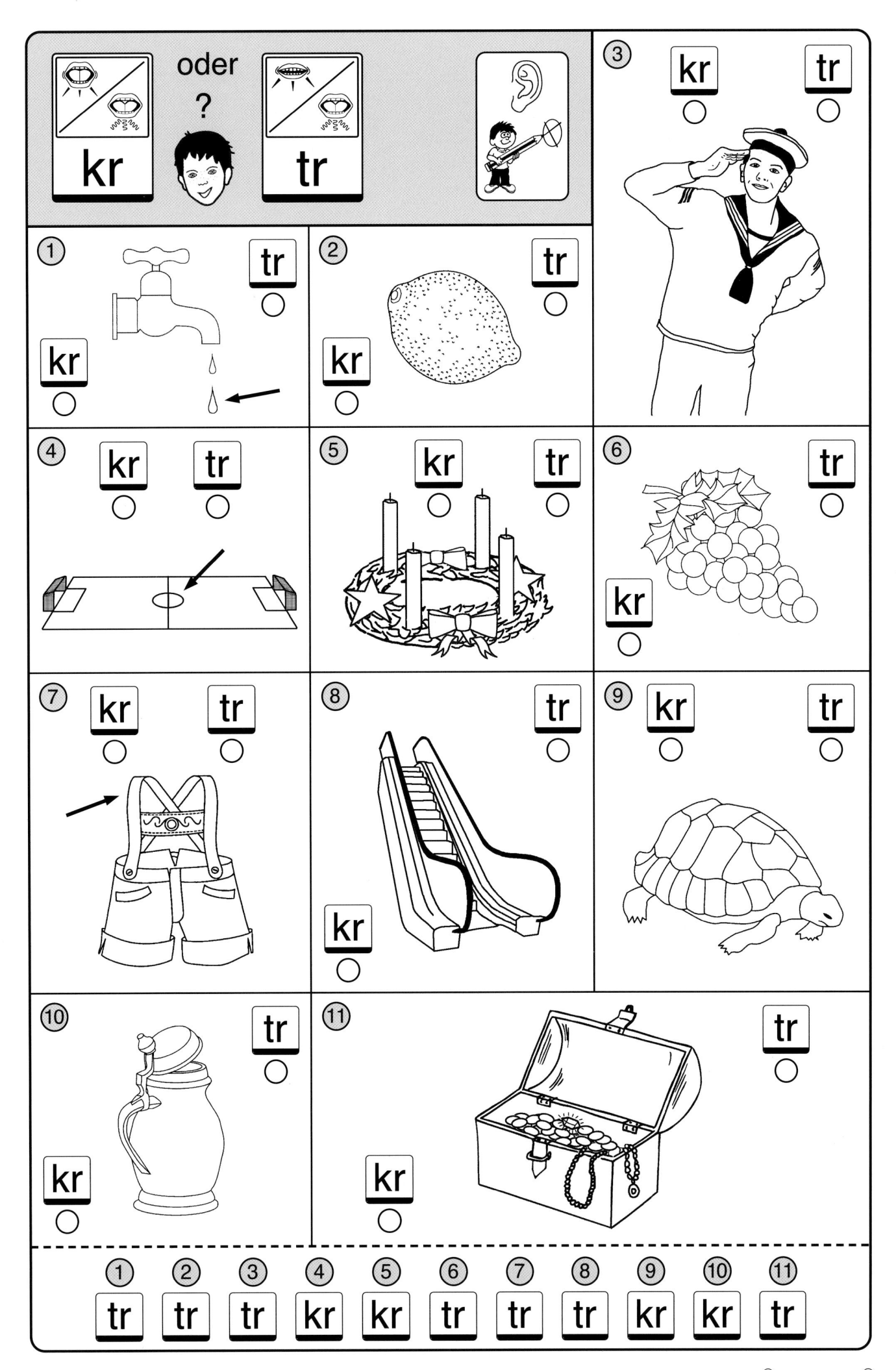

#	1	2	3	4	5	6	7	8	9	10	11
	tr	tr	tr	kr	kr	tr	tr	tr	kr	kr	tr

Bd. 124. Heiner Müller: Wir unterscheiden ähnliche Laute
© Persen Verlag, Horneburg/Niederelbe 2002

L l oder **N n** ?

① n / l	② L / N	③ n / l
④ L / N	⑤ n / l / N	⑥ l / n
⑦ l / n	⑧ N / n / L	⑨ l / n
⑩ N / L	⑪ n / l	⑫ L / N

① L ② L ③ n ④ N ⑤ n ⑥ n ⑦ l ⑧ L ⑨ L ⑩ L ⑪ n ⑫ N

①	②	③	④	⑤	⑥	⑦	⑧	⑨	⑩	⑪	⑫
N	M	M	N	N	N	M	N	M	M	N	M

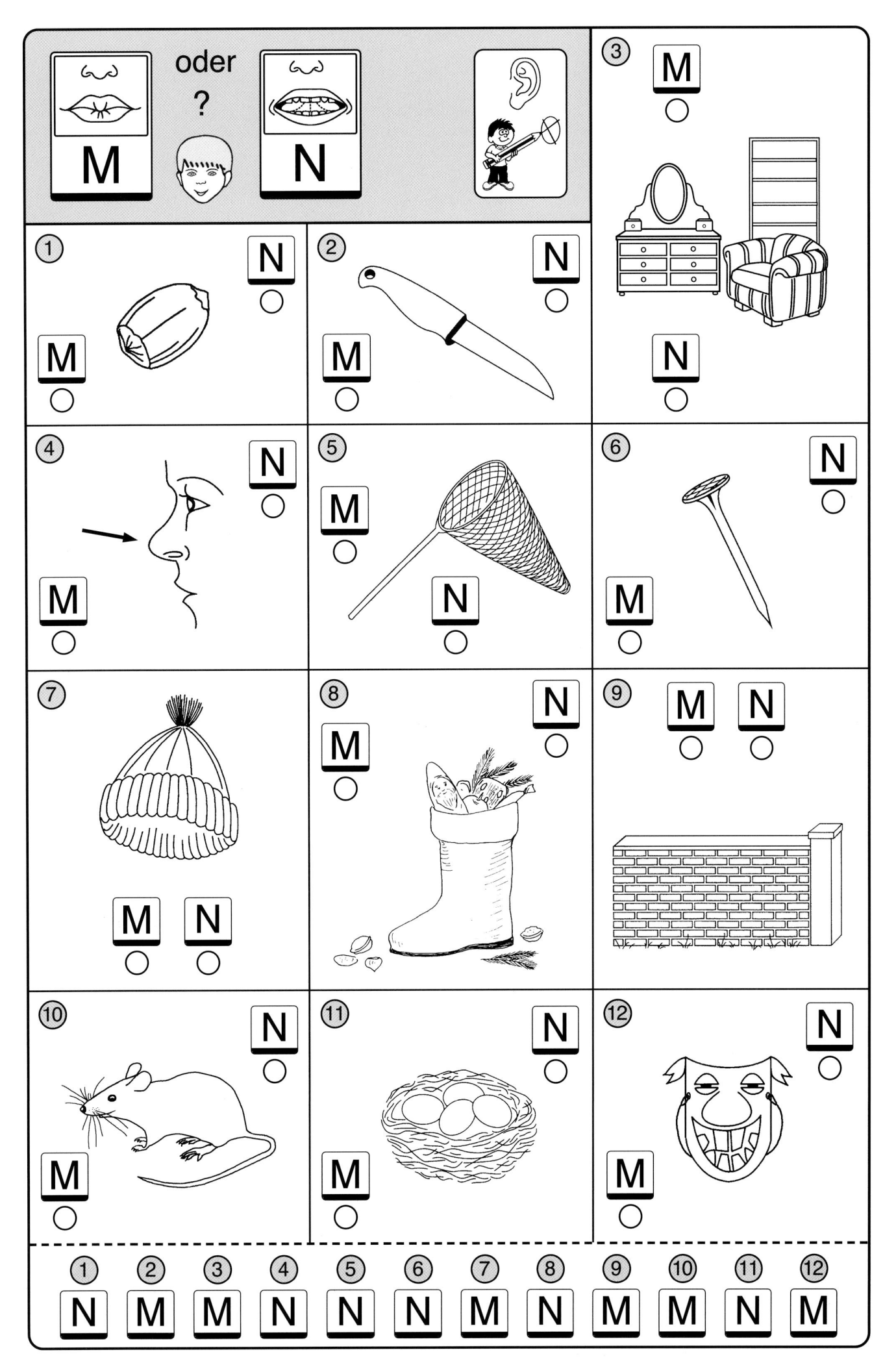

m oder n ?

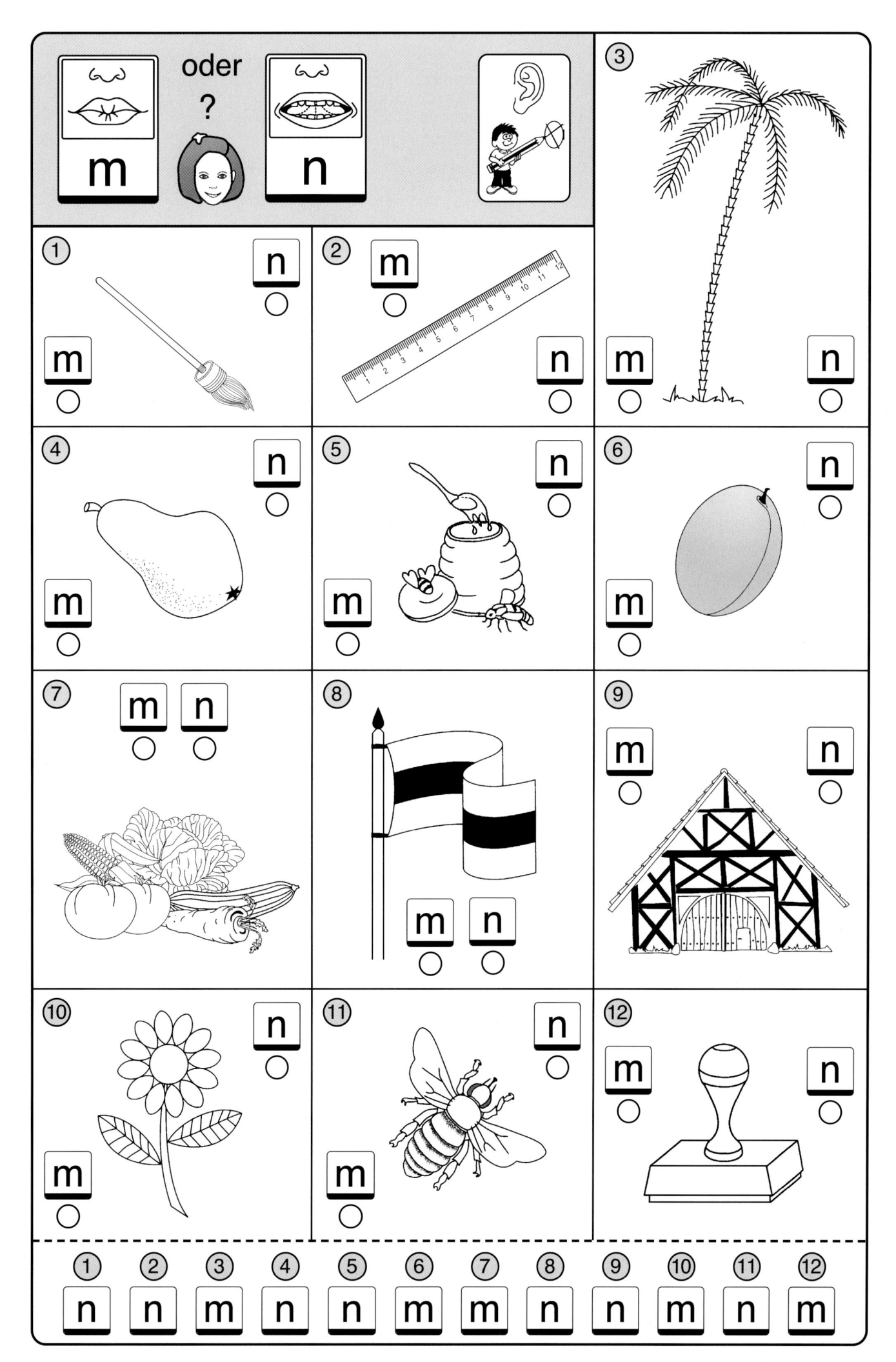

1	2	3
Besen — m/n	Lineal — m/n	Palme — m/n
4	5	6
Birne — m/n	Honig — m/n	Melone — m/n
7	8	9
Gemüse — m/n	Fahne — m/n	Heim — m/n
10	11	12
Blume — m/n	Biene — m/n	Stempel — m/n

1	2	3	4	5	6	7	8	9	10	11	12
n	n	m	n	n	m	m	n	n	m	n	m

Bd. 124. Heiner Müller: Wir unterscheiden ähnliche Laute
© Persen Verlag, Horneburg/Niederelbe 2002

-m oder -n ?

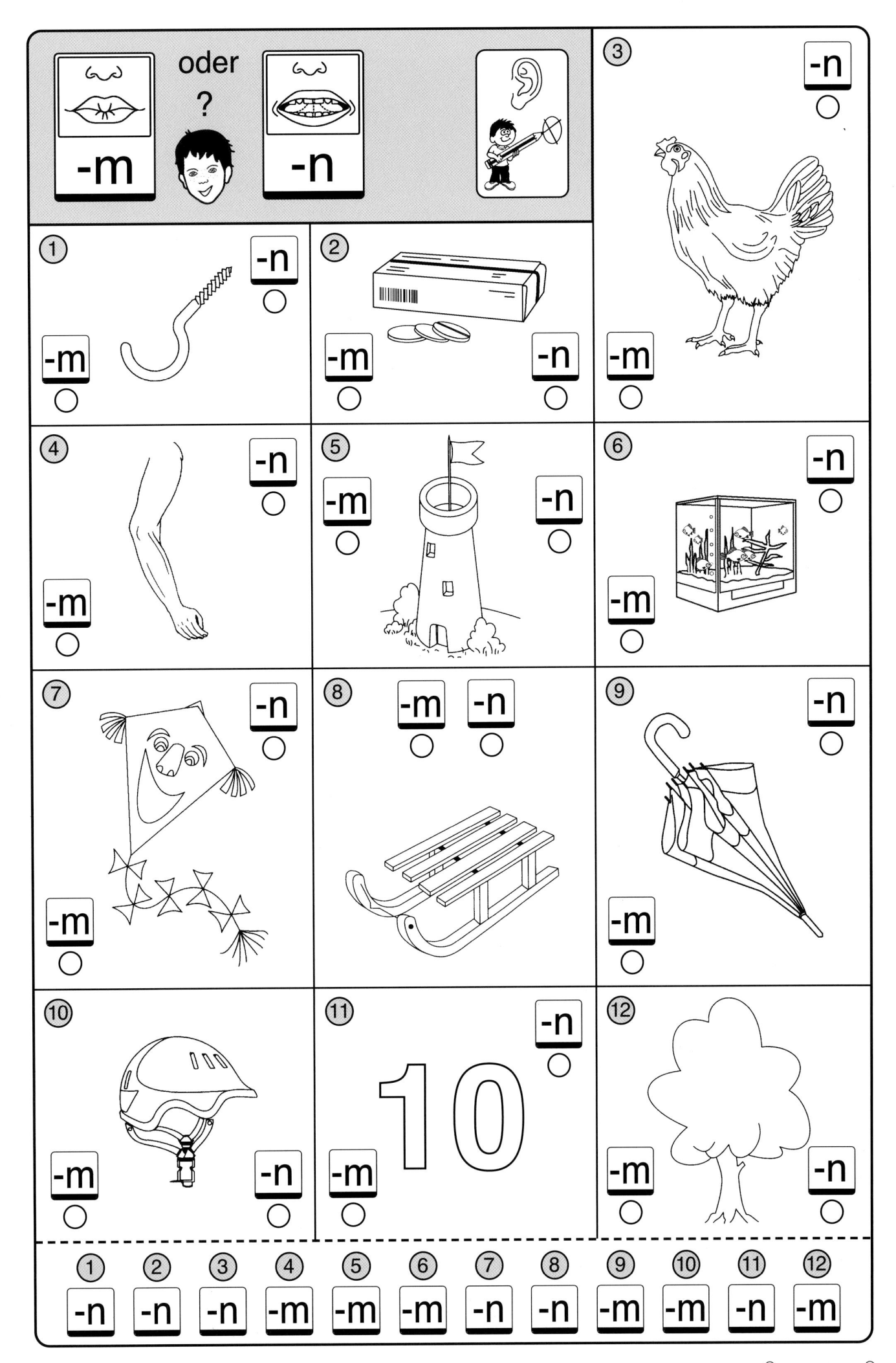

1	2	3
4	5	6
7	8	9
10	11	12

① -n ② -n ③ -n ④ -m ⑤ -m ⑥ -m ⑦ -n ⑧ -n ⑨ -m ⑩ -m ⑪ -n ⑫ -m

ng oder **nk** ?

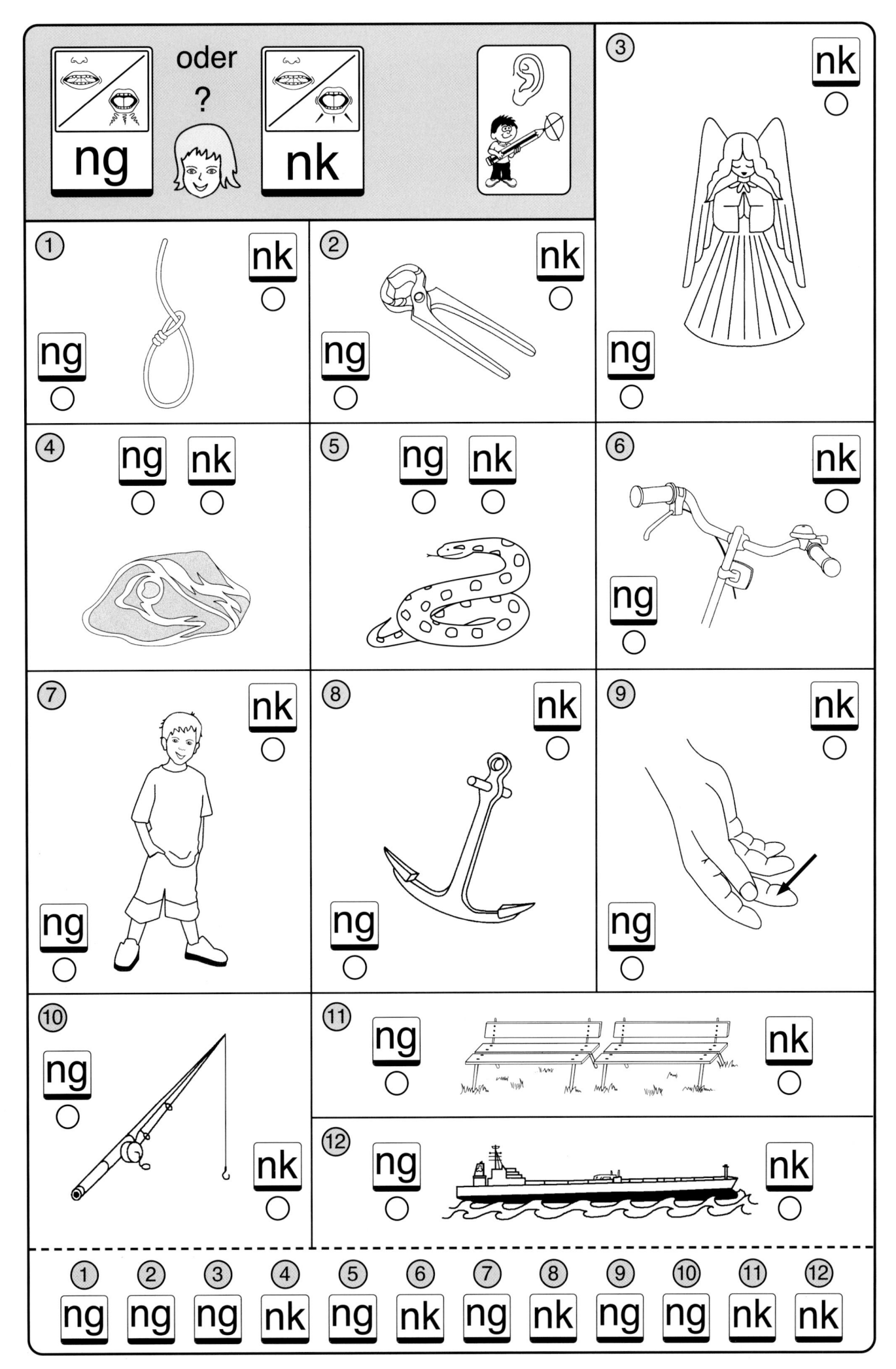

1	2	3
4	5	6
7	8	9
10	11	12

① ng ② ng ③ ng ④ nk ⑤ ng ⑥ nk ⑦ ng ⑧ nk ⑨ ng ⑩ ng ⑪ nk ⑫ nk

Bd. 124. Heiner Müller: Wir unterscheiden ähnliche Laute
© Persen Verlag, Horneburg/Niederelbe 2002

O o oder U u ?

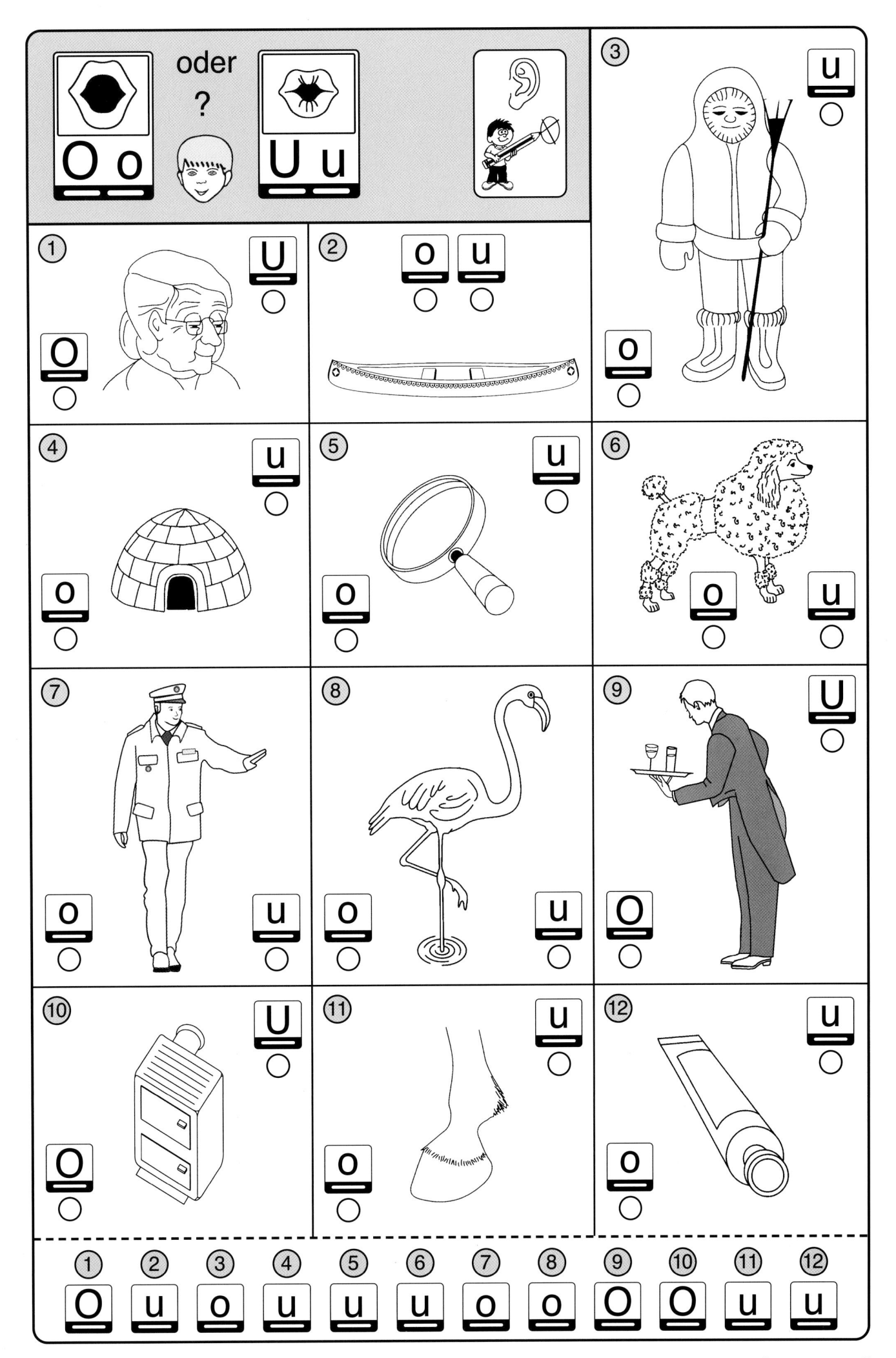

1. Oma — O
2. (Kanu) — o / u
3. (Eskimo) — u / o
4. (Iglu) — u / o
5. (Lupe) — u / o
6. (Pudel) — o / u
7. (Polizist) — o / u
8. (Flamingo) — o / u
9. (Ober) — U / O
10. (Ofen) — U / O
11. (Huf) — u / o
12. (Tube) — u / o

1	2	3	4	5	6	7	8	9	10	11	12
O	u	o	u	u	u	o	o	O	O	u	u

O o oder ? U u

Bd. 124. Heiner Müller: Wir unterscheiden ähnliche Laute
© Persen Verlag, Horneburg/Niederelbe 2002

P oder T ?

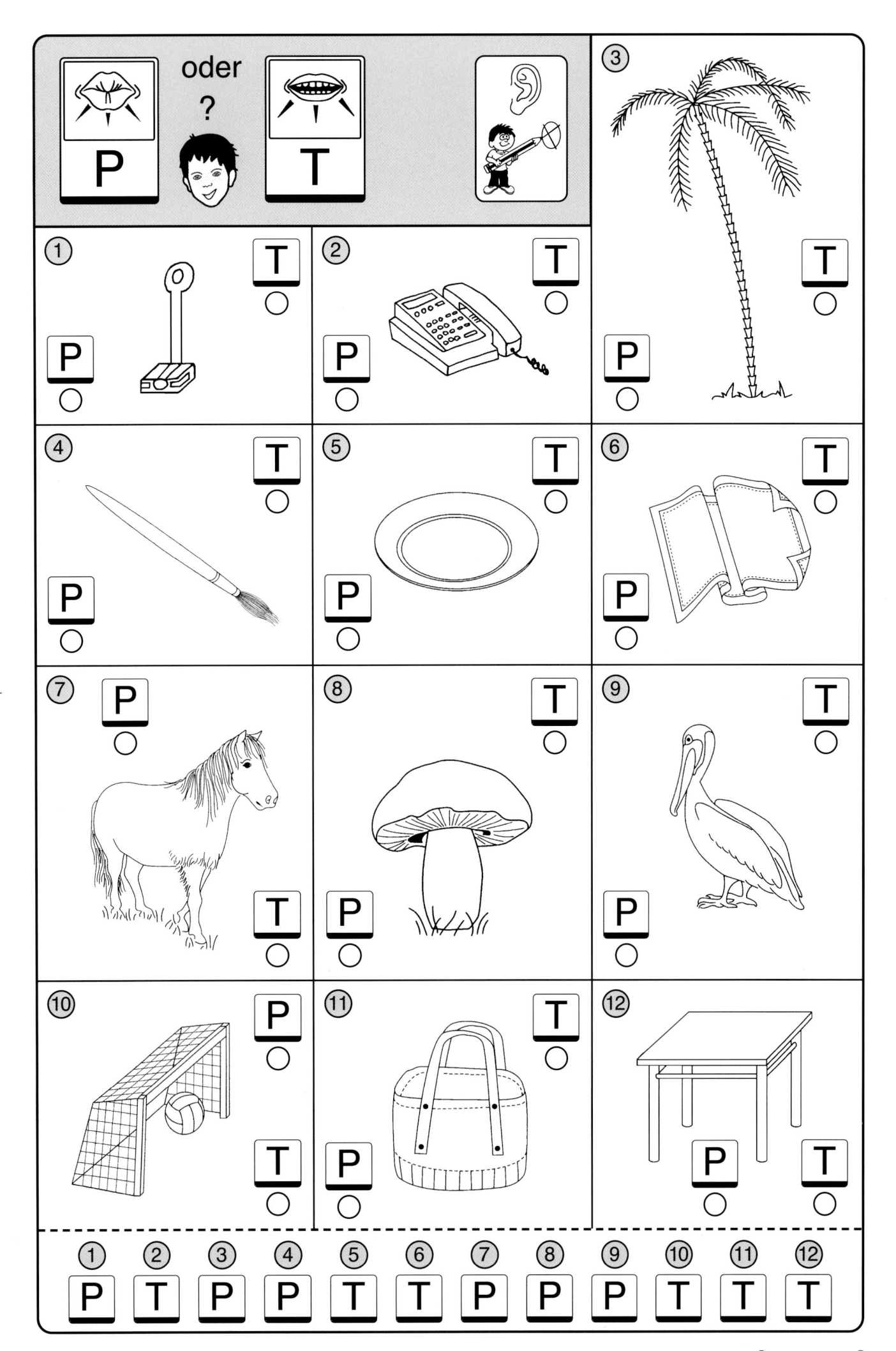

1	2	3
4	5	6
7	8	9
10	11	12

1	2	3	4	5	6	7	8	9	10	11	12
P	P	P	P	T	T	P	P	P	T	T	T

r oder ch ?

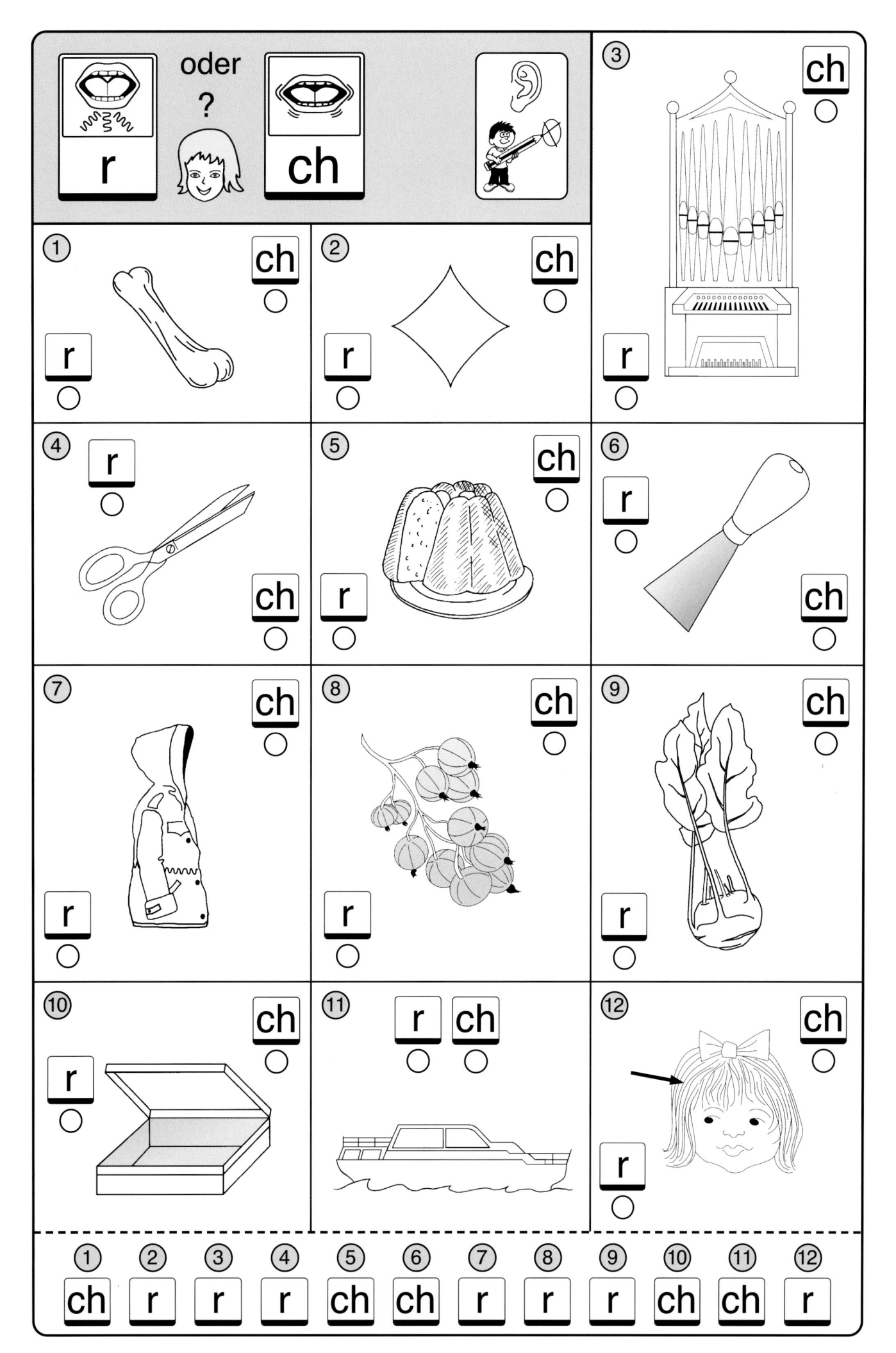

#	1	2	3	4	5	6	7	8	9	10	11	12
	ch	r	r	r	ch	ch	r	r	r	ch	ch	r

S oder **Sch** ?

1	2	3
Sch / S	S / Sch	Sch / S
4	5	6
Sch / S	S / Sch	Sch / S
7	8	9
Sch / S	Sch / S	S / Sch
10	11	12
Sch / S	S / Sch	Sch / S

Lösung:
① S ② S ③ Sch ④ S ⑤ Sch ⑥ Sch ⑦ Sch ⑧ S ⑨ Sch ⑩ S ⑪ Sch ⑫ S

Bd. 124. Heiner Müller: Wir unterscheiden ähnliche Laute
© Persen Verlag, Horneburg/Niederelbe 2002

Bergedorfer®
Best.-Nr. 2148

s oder **sch** ?

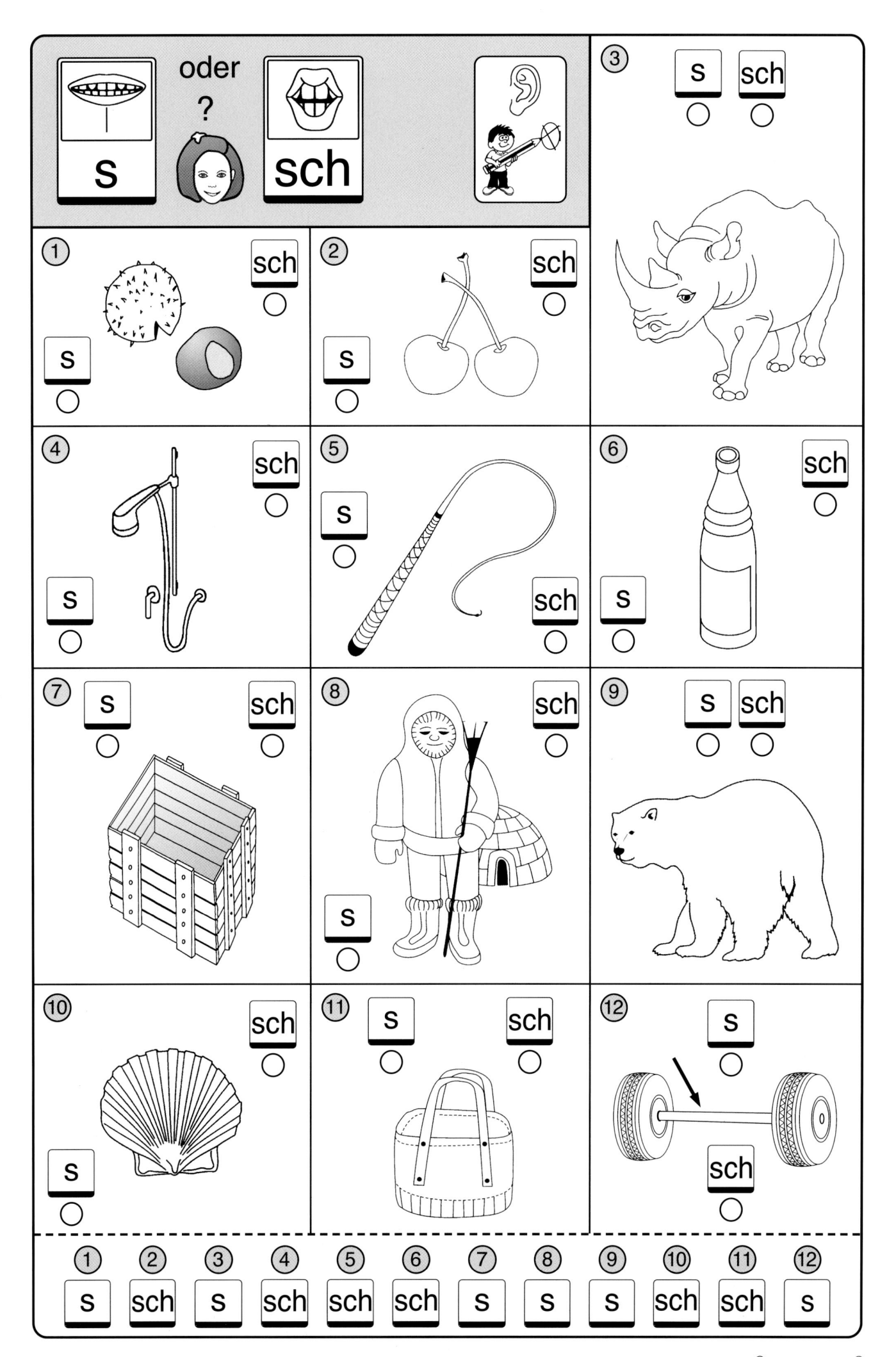

①	②	③
④	⑤	⑥
⑦	⑧	⑨
⑩	⑪	⑫

① s ② sch ③ s ④ sch ⑤ sch ⑥ sch ⑦ s ⑧ s ⑨ s ⑩ sch ⑪ sch ⑫ s

Bd. 124. Heiner Müller: Wir unterscheiden ähnliche Laute
© Persen Verlag, Horneburg/Niederelbe 2002

Sch oder **Schw**?

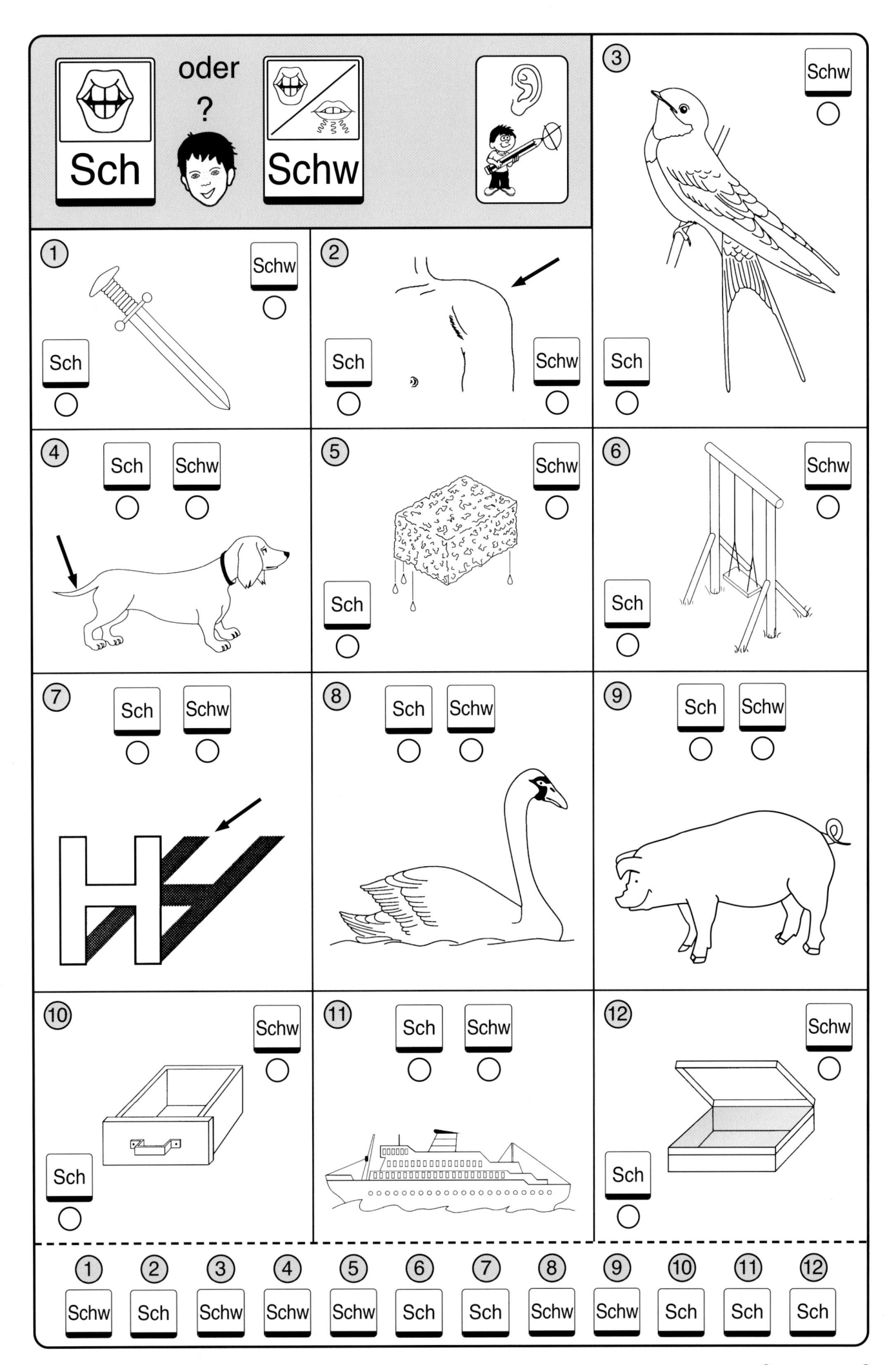

1	2	3
Sch ○ / Schw ○	Sch ○ / Schw ○	Sch ○ / Schw ○
4	5	6
Sch ○ Schw ○	Sch ○ / Schw ○	Sch ○ / Schw ○
7	8	9
Sch ○ Schw ○	Sch ○ Schw ○	Sch ○ Schw ○
10	11	12
Sch ○ / Schw ○	Sch ○ Schw ○	Sch ○ / Schw ○

① Schw ② Sch ③ Schw ④ Schw ⑤ Schw ⑥ Sch ⑦ Sch ⑧ Schw ⑨ Schw ⑩ Sch ⑪ Sch ⑫ Sch

Bd. 124. Heiner Müller: Wir unterscheiden ähnliche Laute
© Persen Verlag, Horneburg/Niederelbe 2002

Bergedorfer®
Best.-Nr. 2148

St oder **Schr** ?

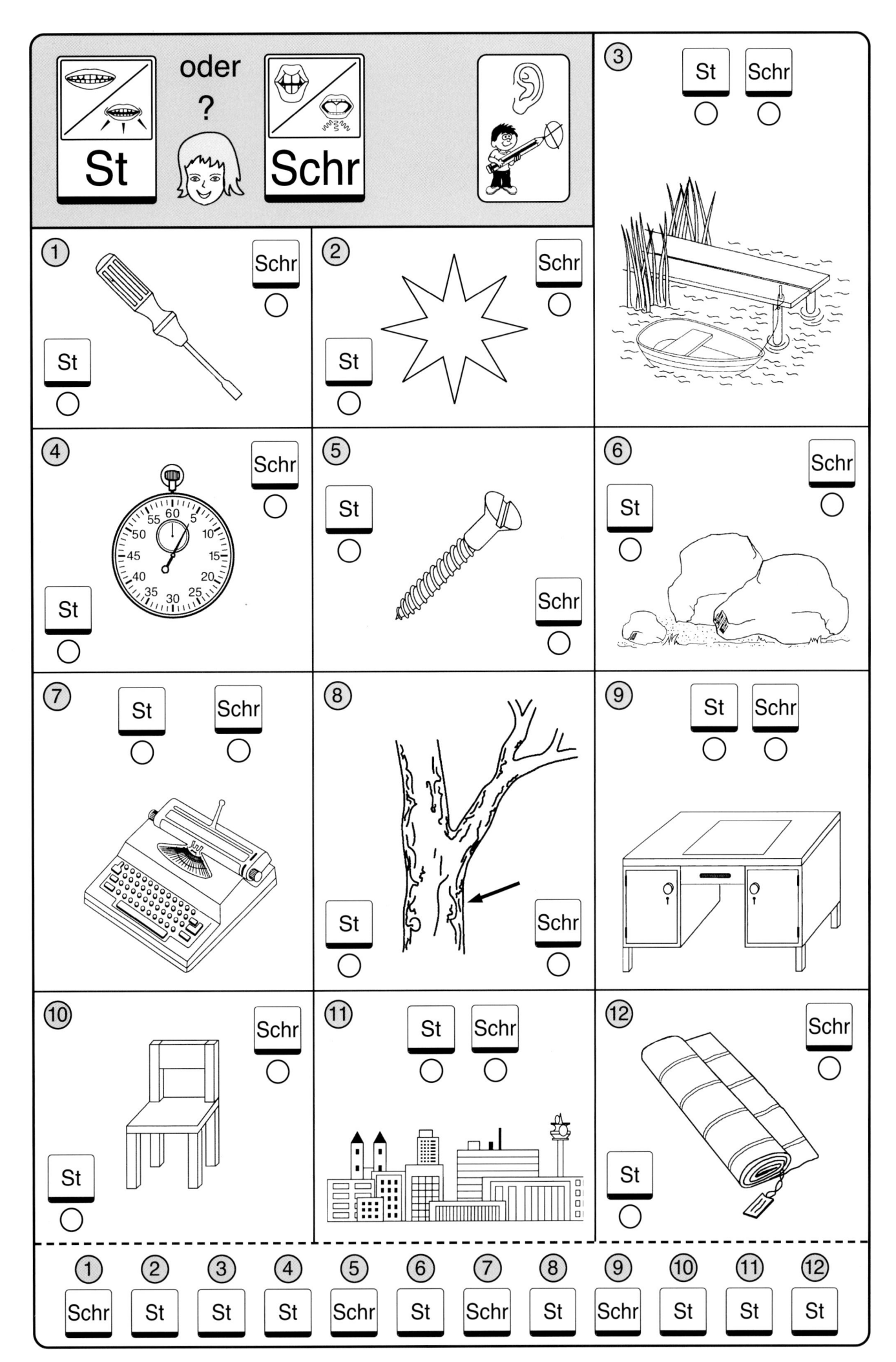

#	Bild	St	Schr
1	Schraubenzieher	○	○
2	Stern	○	○
3	Steg	○	○
4	Stoppuhr	○	○
5	Schraube	○	○
6	Stein	○	○
7	Schreibmaschine	○	○
8	Stamm	○	○
9	Schreibtisch	○	○
10	Stuhl	○	○
11	Stadt	○	○
12	Schlafsack	○	○

① Schr ② St ③ St ④ St ⑤ Schr ⑥ St ⑦ Schr ⑧ St ⑨ Schr ⑩ St ⑪ St ⑫ St

Sp oder **Sch** ?

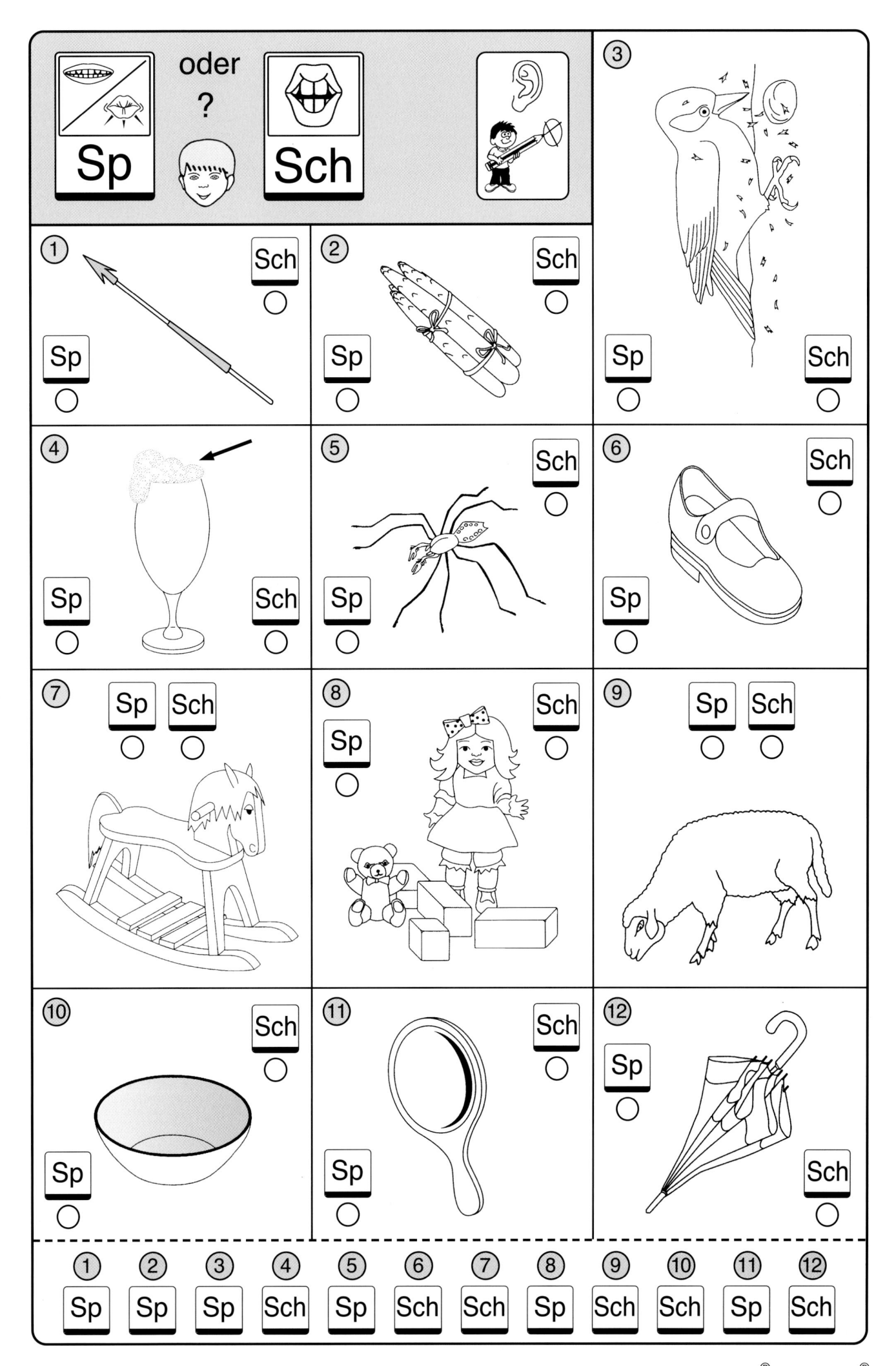

#	Sp	Sch
1	Sp	Sp
2	Sp	Sp
3	Sp	Sp
4	Sch	
5	Sp	
6	Sch	
7	Sch	
8	Sp	
9	Sch	
10	Sch	
11	Sp	
12	Sch	

Bd. 124. Heiner Müller: Wir unterscheiden ähnliche Laute
© Persen Verlag, Horneburg/Niederelbe 2002

Sp oder **St** ?

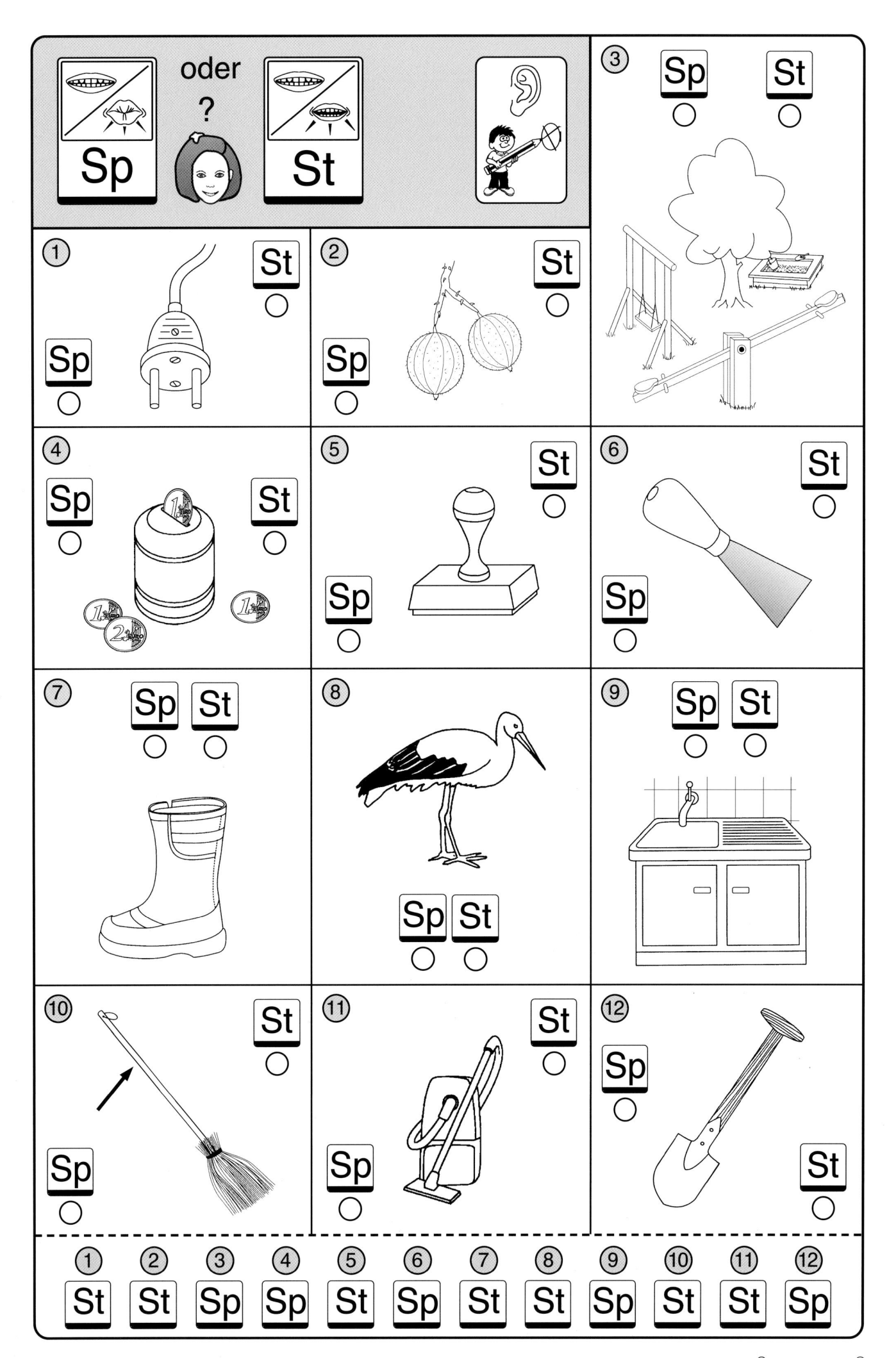

#		#		#	
1	Sp / St (Stecker)	2	Sp / St (Stachelbeeren)	3	Sp / St (Spielplatz)
4	Sp / St (Spardose)	5	Sp / St (Stempel)	6	Sp / St (Spachtel)
7	Sp / St (Stiefel)	8	Sp / St (Storch)	9	Sp / St (Spüle)
10	Sp / St (Besen)	11	Sp / St (Staubsauger)	12	Sp / St (Spaten)

① St ② St ③ Sp ④ Sp ⑤ St ⑥ Sp ⑦ St ⑧ St ⑨ Sp ⑩ St ⑪ St ⑫ Sp

Bd. 124. Heiner Müller: Wir unterscheiden ähnliche Laute
© Persen Verlag, Horneburg/Niederelbe 2002

St oder Sch ?

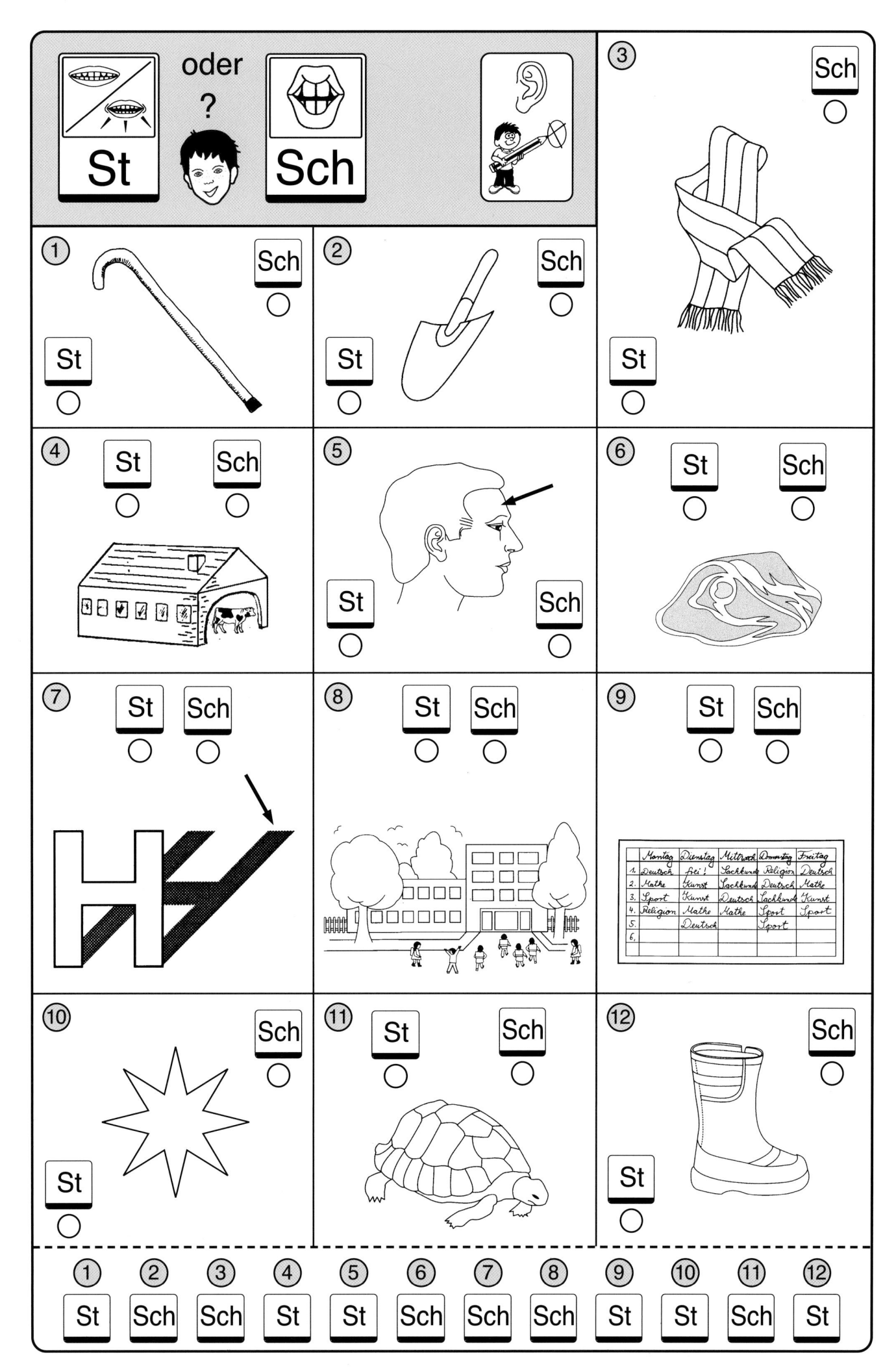

#	St	Sch
1	St	Sch
2	Sch	Sch
3	Sch	St
4	St	St
5	Sch	Sch
6	Sch	Sch
7	St	St
8	Sch	St
9	St	St
10	St	Sch
11	Sch	St
12	St	St

Lösung:
1. St 2. Sch 3. Sch 4. St 5. St 6. Sch 7. Sch 8. Sch 9. St 10. St 11. Sch 12. St

Bd. 124. Heiner Müller: Wir unterscheiden ähnliche Laute
© Persen Verlag, Horneburg/Niederelbe 2002

1	2	3	4	5	6	7	8	9	10	11	12
Z	S	S	S	Z	Z	S	S	Z	S	Z	Z

①	②	③	④	⑤	⑥	⑦	⑧	⑨	⑩	⑪	⑫
z	ß	ß	z	ß	ß	z	z	ß	z	ß	z

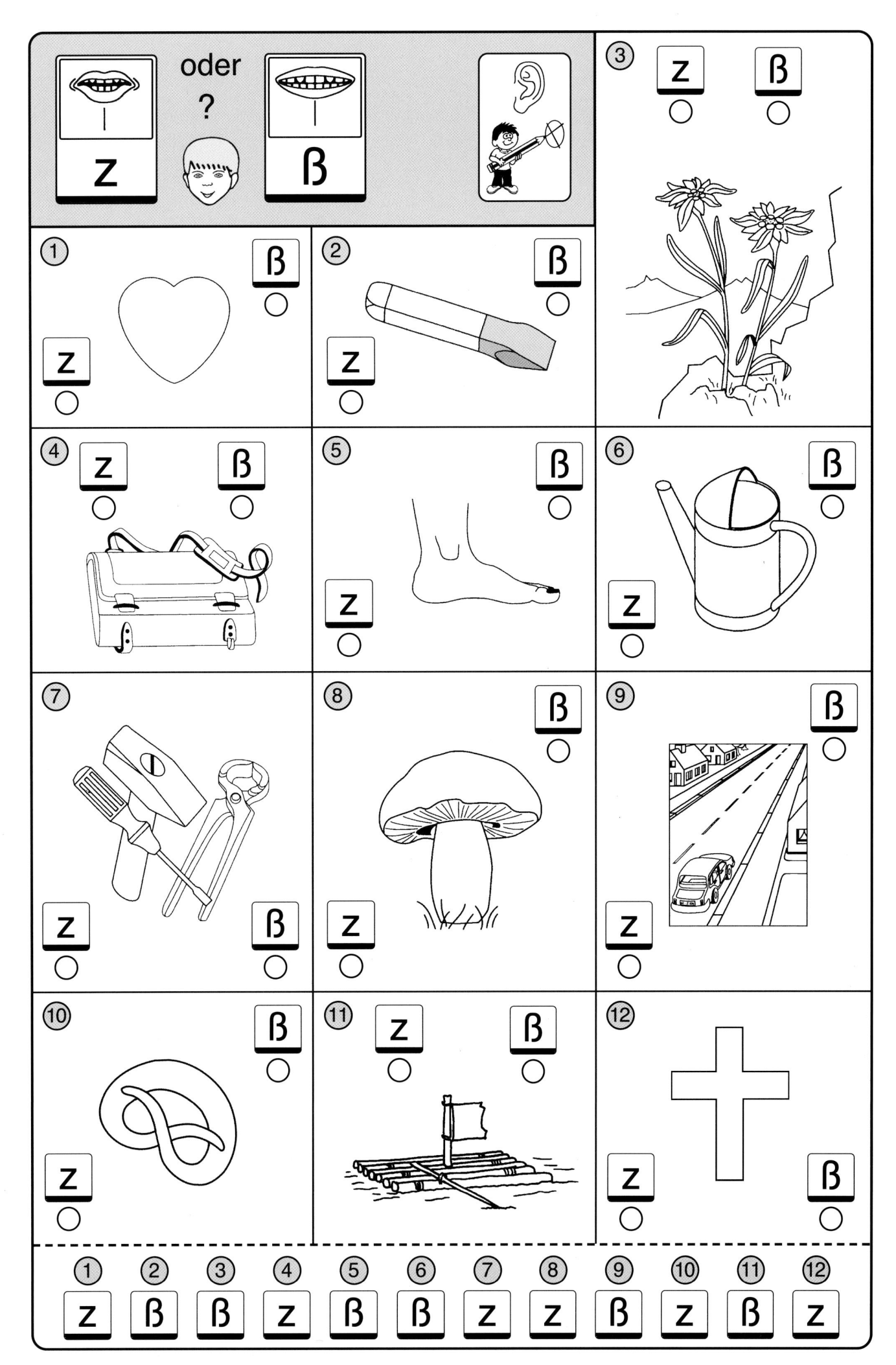

Bd. 124. Heiner Müller: Wir unterscheiden ähnliche Laute
© Persen Verlag, Horneburg/Niederelbe 2002

Z oder St ?

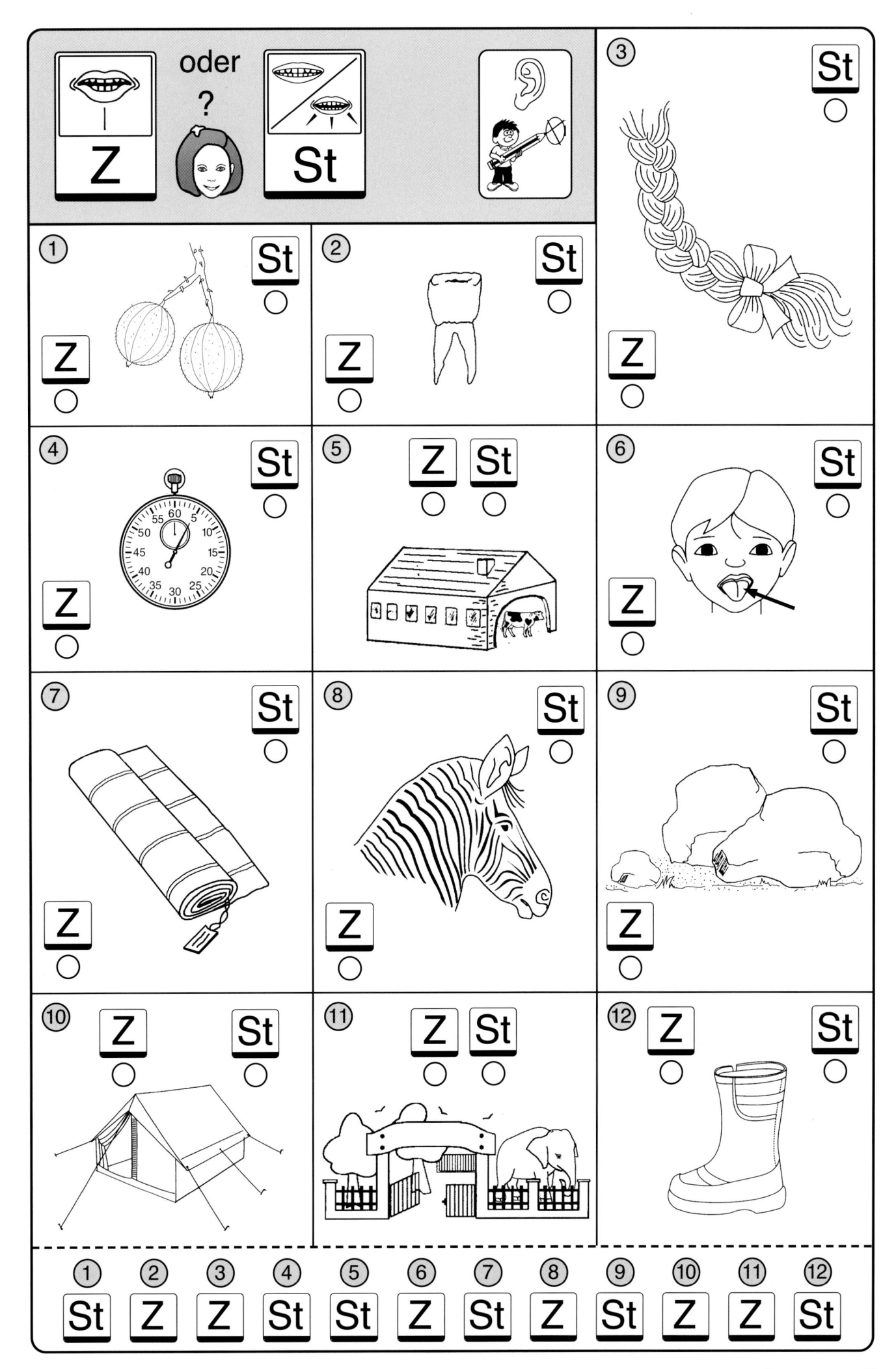

1	2	3
4	5	6
7	8	9
10	11	12

Lösung:
1: St, 2: Z, 3: Z, 4: St, 5: St, 6: Z, 7: St, 8: Z, 9: St, 10: Z, 11: Z, 12: St

Bd. 124. Heiner Müller: Wir unterscheiden ähnliche Laute
© Persen Verlag, Horneburg/Niederelbe 2002

①	②	③	④	⑤	⑥	⑦	⑧	⑨	⑩	⑪	⑫
st	z	st	st	z	z	z	st	z	st	st	z

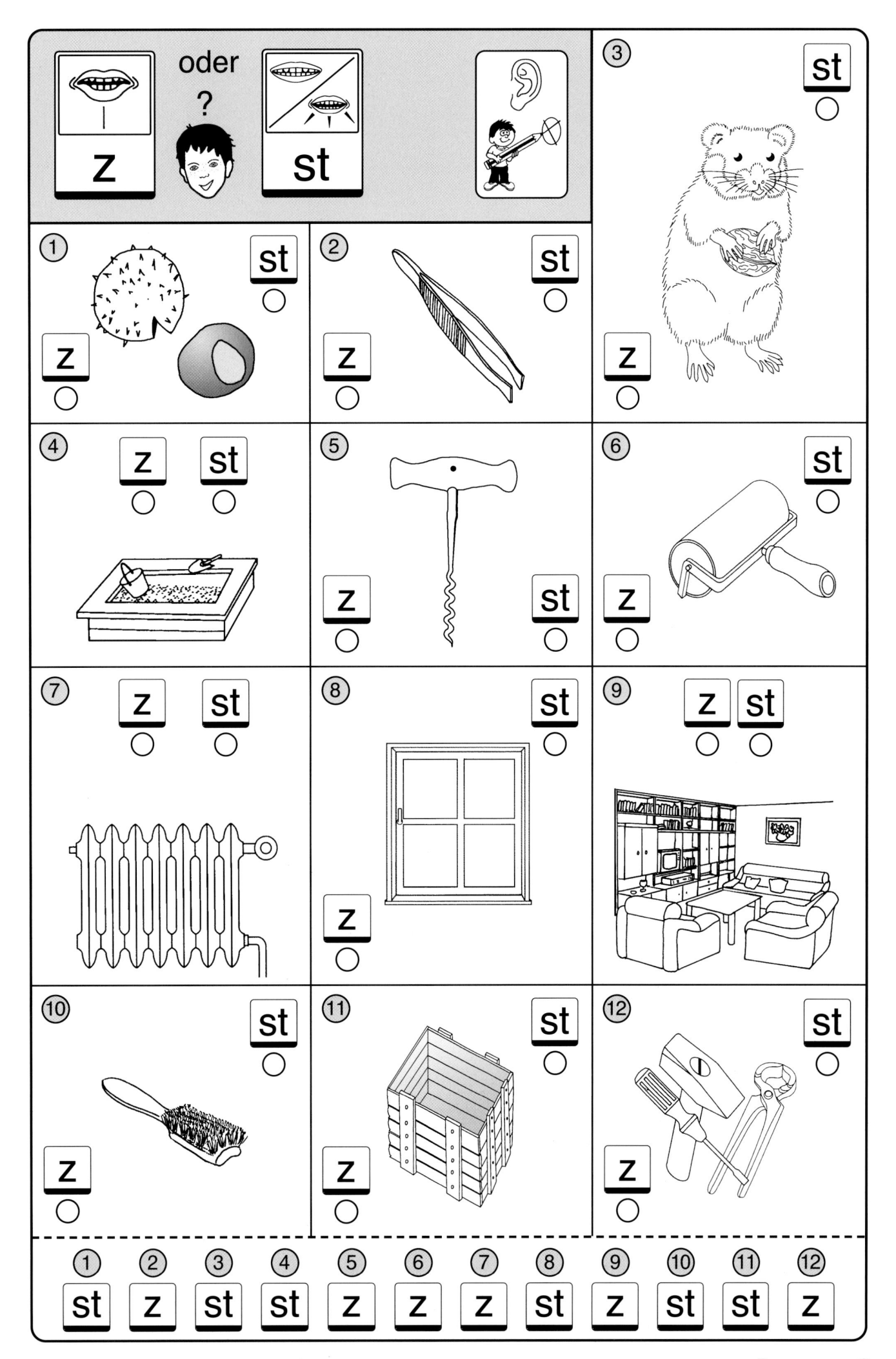

Z oder Sch ?

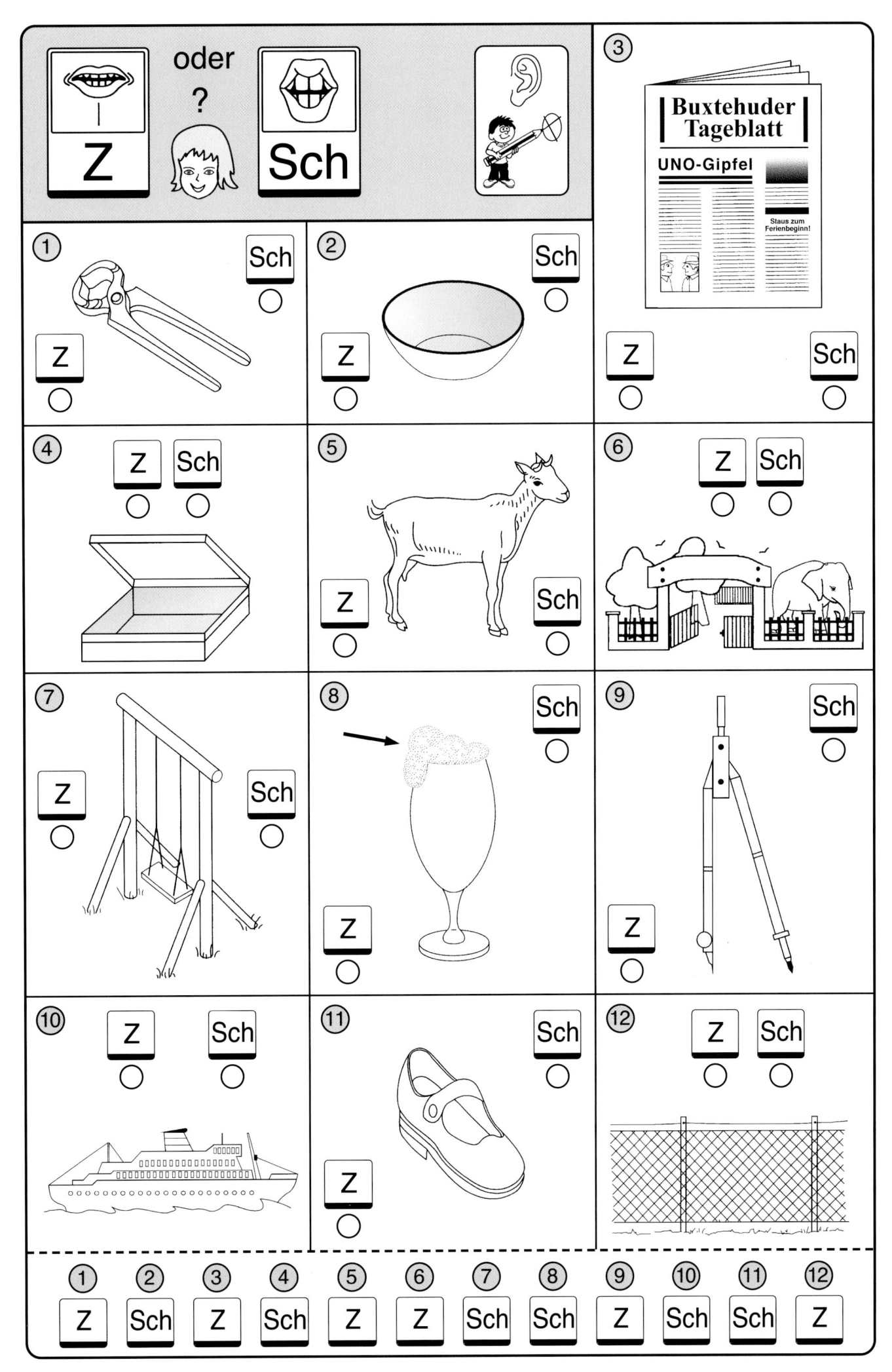

#	Z	Sch
1	Z	Sch
2	Z	Sch
3	Z	Sch
4	Z	Sch
5	Z	Sch
6	Z	Sch
7	Z	Sch
8	Z	Sch
9	Z	Sch
10	Z	Sch
11	Z	Sch
12	Z	Sch

Lösung:
1: Z — 2: Sch — 3: Z — 4: Sch — 5: Z — 6: Z — 7: Sch — 8: Sch — 9: Z — 10: Sch — 11: Sch — 12: Z

z oder sch ?

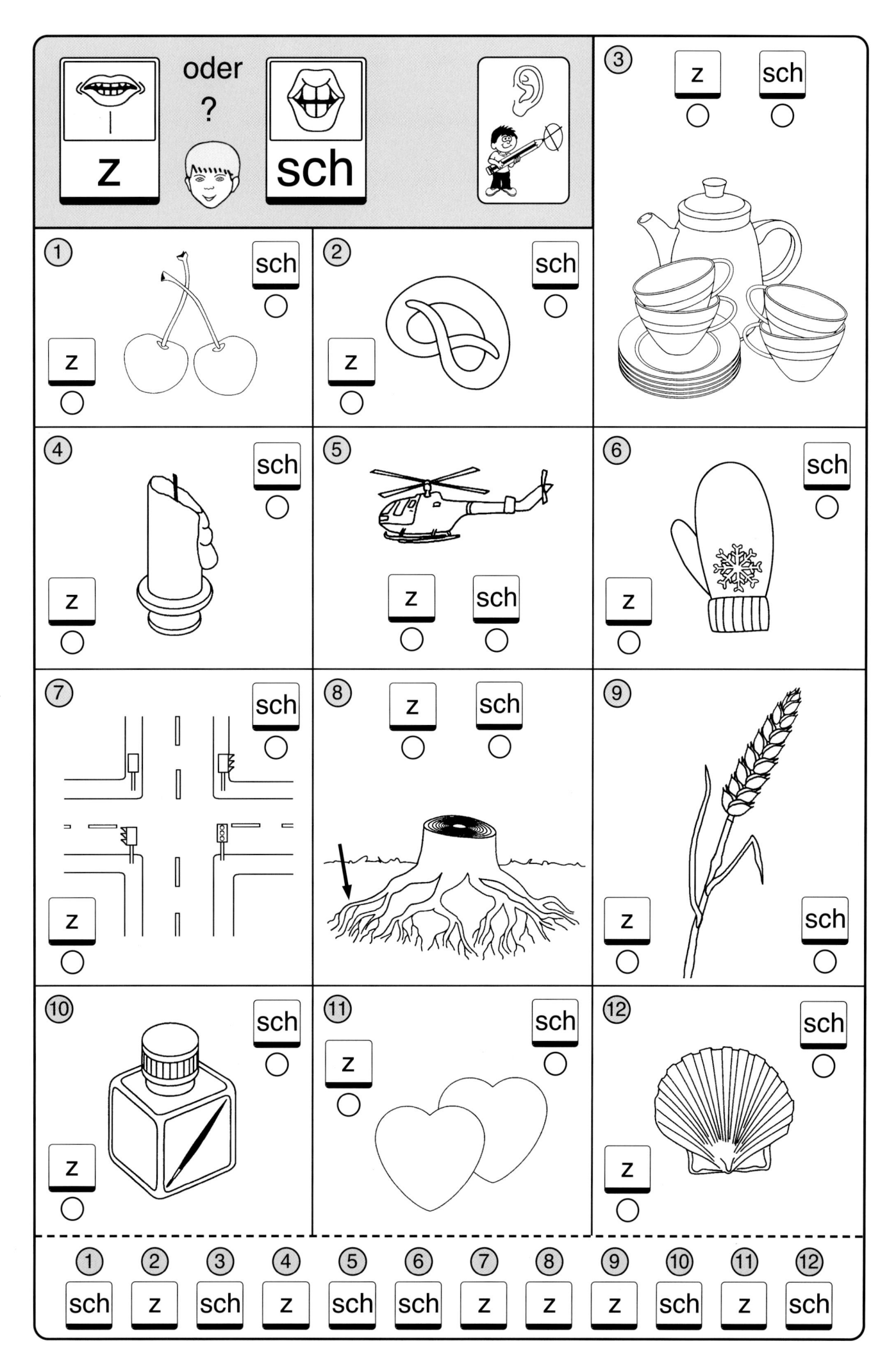

#	1	2	3	4	5	6	7	8	9	10	11	12
	sch	z	sch	z	sch	sch	z	z	z	sch	z	sch

Zw oder Schw ?

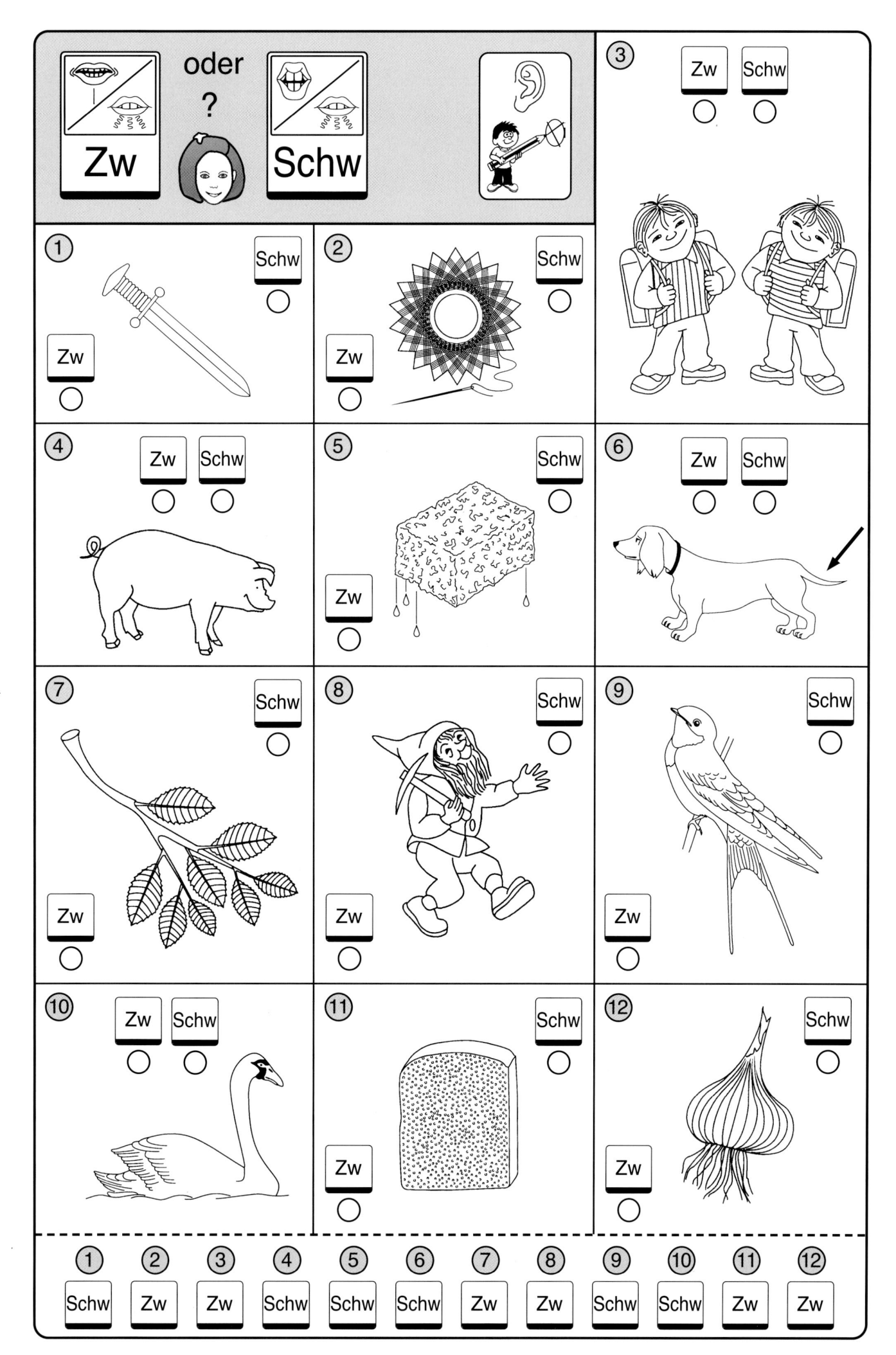

① Schw / Zw	② Schw / Zw	③ Zw / Schw
④ Zw / Schw	⑤ Schw / Zw	⑥ Zw / Schw
⑦ Schw / Zw	⑧ Schw / Zw	⑨ Schw / Zw
⑩ Zw / Schw	⑪ Schw / Zw	⑫ Schw / Zw

① Schw ② Zw ③ Zw ④ Schw ⑤ Schw ⑥ Schw ⑦ Zw ⑧ Zw ⑨ Schw ⑩ Schw ⑪ Zw ⑫ Zw

Bd. 124. Heiner Müller: Wir unterscheiden ähnliche Laute
© Persen Verlag, Horneburg/Niederelbe 2002

Wörterliste

1. **A̲/A̲:** 1. A̲nker, 2. A̲horn, 3. A̲mpel, 4. A̲mboss, 5. A̲pfel, 6. A̲meise, 7. A̲ngel, 8. A̲ss, 9. A̲dler, 10. A̲ntenne, 11. A̲ffe
2. **a̲/a̲:** 1. Bla̲tt, 2. Ga̲bel, 3. Ta̲nne, 4. Toma̲te, 5. Dreira̲d, 6. Za̲nge, 7. Na̲del, 8. Ha̲ken, 9. Elefa̲nt, 10. Schwa̲mm, 11. La̲mpe, 12. Ha̲se
3. **A̲/E̲:** 1. E̲rdbeere, 2. E̲rbsen, 3. E̲skimo, 4. A̲pfel, 5. A̲ngel, 6. E̲nte, 7. A̲mpel, 8. E̲cke, 9. E̲ngel, 10. A̲xt, 11. A̲ffe, 12. A̲rm
4. **a̲/e̲:** 1. Ka̲mm, 2. He̲rz, 3. Be̲tt, 4. Ba̲ll, 5. Ha̲nd, 6. Ge̲ld, 7. Zwe̲rg, 8. Ka̲ktus, 9. Fe̲ll, 10. Bre̲tt, 11. Ne̲tz, 12. Da̲ch
5. **A̲/O̲:** 1. A̲schenbecher, 2. A̲ngel, 3. O̲rgel, 4. A̲st, 5. A̲ntenne, 6. A̲nker, 7. O̲chse, 8. A̲mpel, 9. A̲rm, 10. A̲chse, 11. O̲tter
6. **a̲/ä̲:** 1. Ba̲rt, 2. Kä̲fer, 3. Bä̲cker, 4. Da̲chs, 5. Sä̲ge, 6. Kra̲gen, 7. Ba̲gger, 8. Bä̲r, 9. Ba̲lkon, 10. Kä̲nguru, 11. Kä̲se, 12. Ha̲se
7. **B/P:** 1. Bus, 2. Pinsel, 3. Ballon, 4. Peitsche, 5. Pilz, 6. Pyramide, 7. Baum, 8. Pinguin, 9. Palme, 10. Buch, 11. Burg, 12. Besen
8. **b/p:** 1. Schraube, 2. Lupe, 3. Zauberer, 4. Gabel, 5. Kürbis, 6. Lampe, 7. Kasper, 8. Trompete, 9. Rübe, 10. Taube, 11. Stempel, 12. Wimpel
9. **Bl/Pl:** 1. Blatt, 2. Bleistift, 3. Plakat, 4. Blüte, 5. Planet, 6. Bluse, 7. Blitz, 8. Blume, 9. Plane, 10. Block, 11. Planschbecken
10. **Br/Pr:** 1. Brot, 2. Briefmarke, 3. Prinz, 4. Brille, 5. Preis, 6. Pralinen, 7. Brief, 8. Brezel, 9. Brunnen, 10. Propeller, 11. Brücke
11. **B/D:** 1. Bohnen, 2. Deckel, 3. Daumen, 4. Birne, 5. Becher, 6. Dach, 7. Dorf, 8. Biene, 9. Beule, 10. Batterie, 11. Dusche, 12. Dose
12. **b/d:** 1. Kreide, 2. Farbe, 3. Indianer, 4. Fledermaus, 5. Reibe, 6. Pedal, 7. Kalender, 8. Zauberer, 9. Libelle, 10. Hobel, 11. Feder, 12. Regenbogen
13. **B/G:** 1. Bart, 2. Gitter, 3. Gitarre, 4. Birne, 5. Beule, 6. Gardine, 7. Boxer, 8. Gemüse, 9. Gämse, 10. Bohrmaschine, 11. Badezimmer, 12. Garten
14. **b/g:** 1. Erdbeere, 2. Fliege, 3. Wiege, 4. Möbel, 5. Auge, 6. Zigarette, 7. Tube, 8. Kohlrabi, 9. Regen, 10. Wohnwagen, 11. Fibel, 12. Farbe
15. **B/W:** 1. Bart, 2. Waschmaschine, 3. Burg, 4. Banane, 5. Wolke, 6. Wasserhahn, 7. Batterie, 8. Wohnzimmer, 9. Wal, 10. Wurst, 11. Bild, 12. Buch
16. **b/w:** 1. Kugelschreiber, 2. Schnabel, 3. Löwe, 4. Güterwagen, 5. Gewehr, 6. Aschenbecher, 7. Eisbär, 8. Geweih, 9. Hagebutte, 10. Gewinde, 10. Maulwurf, 12. Graben
17. **ch₁/sch:** 1. Eichel, 2. Kirschen, 3. Kirche, 4. Sonnenschirm, 5. Kaninchen, 6. Becher, 7. Dusche, 8. Küche, 9. Flasche, 10. Muschel, 11. Handschuh, 12. Trichter
18. **D/G:** 1. Dübel, 2. Gürtel, 3. Giraffe, 4. Daumen, 5. Gans, 6. Gitarre, 7. Dachs, 8. Dorf, 9. Delfin, 10. Gitter, 11. Gämse, 12. Dose
19. **d/g:** 1. Radio, 2. Ziegel, 3. Kinder, 4. Pyramide, 5. Känguru, 6. Stundenplan, 7. Flügel, 8. Edelweiß, 9. Papagei, 10. Regal, 11. Staubsauger, 12. Schokolade
20. **D/K:** 1. Kerze, 2. Dominostein, 3. Karussell, 4. Koch, 5. Dusche, 6. Korb, 7. Distel, 8. Kuh, 9. Dame, 10. Käfig, 11. Dorf, 12. Dach
21. **d/k:** 1. Haken, 2. Briefmarke, 3. Hundehütte, 4. Feder, 5. Pauke, 6. Radio, 7. Badezimmer, 8. Vulkan, 9. Pudel, 10. Schaukel, 11. Sandalen, 12. Paket
22. **D/L:** 1. Laterne, 2. Dose, 3. Lama, 4. Lippen, 5. Decke, 6. Loch, 7. Dachs, 8. Leiter, 9. Luchs, 10. Daumen, 11. Lokomotive
23. **d/l:** 1. Kerzenständer, 2. Feile, 3. Mühle, 4. Radieschen, 5. Film, 6. Radio, 7. Gardine, 8. Indianer, 9. Eule, 10. Spardose, 11. Elch, 12. Helm
24. **D/T:** 1. Dominostein, 2. Tanker, 3. Tiger, 4. Dose, 5. Dackel, 6. Tusche/Tinte, 7. Dorf, 8. Turm, 9. Tunnel, 10. Tor, 11. Dachs, 12. Tulpe
25. **d/t:** 1. Flöte, 2. Pfote, 3. Edelweiß, 4. Marmelade, 5. Knoten, 6. Fledermaus, 7. Schublade, 8. Ente, 9. Leiter, 10. Sandalen, 11. Auto, 12. Krokodil
26. **Dr/dr oder Tr/tr:** 1. Dreieck, 2. Zitrone, 3. Drachen, 4. Weintrauben, 5. Dreirad, 6. Trommel, 7. Dromedar, 8. Truhe, 9. Traktor/Trecker, 10. Tränen, 11. Hosenträger, 12. Quadrat
27. **E̲/e̲ oder E̲/e̲:** 1. Pe̲likan, 2. E̲feu, 3. Ka̲mel, 4. E̲lch, 5. Kle̲cks, 6. He̲cht, 7. Table̲tt, 8. Ze̲bra, 9. E̲skimo, 10. Ne̲st, 11. Kre̲bs, 12. Ke̲ks
28.* **e̲/i̲:** 1. Sie̲b, 2. Ze̲h, 3. Re̲h, 4. Knie̲, 5. Ze̲hn, 6. Me̲hl, 7. Stie̲l, 8. Zwie̲back, 9. Dre̲hstuhl, 10. Brie̲f, 11. Frie̲dhof
29. **e̲/i̲:** 1. Ri̲ng, 2. He̲rz, 3. Kra̲nich, 4. Ge̲ld, 5. Gri̲ff, 6. Fi̲lm, 7. Fe̲ll, 8. Bli̲tz, 9. He̲md, 10. Sti̲rn, 11. Bre̲tt, 12. He̲ft
30. **Ei/ei oder Eu/eu:** 1. Efeu, 2. Eichel, 3. Eule, 4. Eichhörnchen, 5. Eimer, 6. Kreuz, 7. Beule, 8. Werkzeug, 9. Kreisel, 10. Reifen, 11. Keil, 12. Kreuzung
31. **F/f oder Pf/pf:** 1. Pfeil, 2. Zapfen, 3. Pferd, 4. Pfanne, 5. Schleife, 6. Faust, 7. Fuchs, 8. Würfel, 9. Tropfen, 10. Saft, 11. Klopfer, 12. Karpfen
32. **F/W:** 1. Fuß, 2. Fisch, 3. Wohnzimmer, 4. Feuer, 5. Wolke, 6. Wippe, 7. Fenster, 8. Wasserhahn, 9. Wand, 10. Fernseher, 11. Würfel, 12. Fass
33. **f/w:** 1. Schleife, 2. Geweih, 3. Elefant, 4. Gewehr, 5. Möwe, 6. Hefter, 7. Löwe, 8. Hafer, 9. Regenwurm, 10. Schlafanzug, 11. Sofa, 12. Stiefel
34. **F/T:** 1. Tanker, 2. Feile, 3. Tür, 4. Faust, 5. Tulpe, 6. Farbe, 7. Teppich, 8. Tunnel, 9. Fahne, 10. Fernglas, 11. Fahrrad, 12. Taucher
35. **f/s:** 1. Käfer, 2. Maske, 3. Hafer, 4. Zeigefinger, 5. Wespe, 6. Würfel, 7. Ast, 8. Eskimo, 9. Elefant, 10. Ofen, 11. Elster, 12. Knospen
36. **F/f oder Sch/sch:** 1. Schere, 2. Fisch, 3. Schirm, 4. Muschel, 5. Film, 6. Finger, 7. Fuchs, 8. Schal, 9. Kutsche, 10. Filter, 11. Dusche, 12. Würfel
37. **G/K:** 1. Geweih, 2. Kastanie, 3. Giraffe, 4. Kasse, 5. Kamin, 6. Gabel, 7. Garten, 8. Karussell, 9. Küche, 10. Gitter, 11. Giebel, 12. Karpfen

Wörterliste

38. **g/k:** 1. Spiegel, 2. Lokomotive, 3. Orgel, 4. Vogel, 5. Rakete, 6. Hosenträger, 7. Schaukelpferd, 8. Plakat, 9. Regen, 10. Paket, 11. Bügel, 12. Vulkan
39. **I/i oder l/i:** 1. Grill, 2. Krokodil, 3. Flamingo, 4. Igel, 5. Iglu, 6. Hirsch, 7. Tiger, 8. Milch, 9. Schirm, 10. Fibel, 11. Insel, 12. Kohlrabi
40. **i/ö:** 1. Löffel, 2. Blockflöte, 3. Löwe, 4. Flamingo, 5. Kissen, 6. Streichhölzer, 7. Lineal, 8. Zöpfe, 9. Kinder, 10. Dominostein, 11. Ring, 12. Kröte
41. **ö/ü:** 1. Schlüssel, 2. Tüte, 3. Mühle, 4. Schildkröte, 5. Klötze, 6. Zahnbürste, 7. Hundehütte, 8. Möwe, 9. Frühstück, 10. Möbel, 11. Hörnchen, 12. König
42. **K/T:** 1. Kelle, 2. Kanone, 3. Kirche, 4. Taube, 5. Kegel, 6. Tür, 7. Teppich, 8. Tafel, 9. Koffer, 10. Kasse, 11. Tasse, 12. Tube
43. **k/t:** 1. Haken, 2. Spachtel, 3. Reiter, 4. Maikäfer, 5. Auto, 6. Blüte, 7. Schaukel, 8. Balkon, 9. Pelikan, 10. Ente, 11. Garten, 12. Zirkel
44. **Kr/Tr:** 1. Krokodil, 2. Trichter, 3. Kran, 4. Tränen, 5. Kralle, 6. Kreuz, 7. Traktor/Trecker, 8. Triangel, 9. Truhe, 10. Kreisel, 11. Krug, 12. Trommel
45. **kr/tr:** 1. Wassertropfen, 2. Zitrone, 3. Matrose, 4. Mittelkreis, 5. Adventskranz, 6. Weintrauben, 7. Hosenträger, 8. Rolltreppe, 9. Schildkröte, 10. Bierkrug, 11. Schatztruhe
46. **L/l oder N/n:** 1. Keule, 2. Lupe, 3. Kranich, 4. Noten, 5. Birne, 6. Krone, 7. Wolke, 8. Löwe, 9. Tulpe, 10. Locher, 11. Mond, 12. Napf
47. **M/N:** 1. Nuss, 2. Messer, 3. Möbel, 4. Nase, 5. Netz, 6. Nagel, 7. Mütze, 8. Nikolausstiefel, 9. Mauer, 10. Maus, 11. Nest, 12. Maske
48. **m/n:** 1. Pinsel, 2. Lineal, 3. Palme, 4. Birne, 5. Honig, 6. Pflaume, 7. Gemüse, 8. Fahne, 9. Scheune, 10. Blume, 11. Biene, 12. Stempel
49. **-m/-n:** 1. Haken, 2. Tabletten, 3. Huhn, 4. Arm, 5. Turm, 6. Aquarium, 7. Drachen, 8. Schlitten, 9. Schirm, 10. Helm, 11. Zehn, 12. Baum
50. **ng/nk:** 1. Schlinge, 2. Zange, 3. Engel, 4. Schinken, 5. Schlange, 6. Lenker, 7. Junge, 8. Anker, 9. Finger, 10. Angel, 11. Bänke, 12. Tanker
51. **O/o oder U/u:** 1. Oma, 2. Kanu, 3. Eskimo, 4. Iglu, 5. Lupe, 6. Pudel, 7. Polizist, 8. Flamingo, 9. Ober, 10. Ofen, 11. Huf, 12. Tube
52. **O/o oder U/u:** 1. Kartoffel, 2. Schnuller, 3. Brunnen, 4. Bus, 5. Korken, 6. Korb, 7. Puppe, 8. Kutsche, 9. Orgel, 10. Horn, 11. Unfall, 12. Otter
53. **P/T:** 1. Pedal, 2. Telefon, 3. Palme, 4. Pinsel, 5. Teller, 6. Tuch, 7. Pony, 8. Pilz, 9. Pelikan, 10. Tor, 11. Tasche, 12. Tisch
54. **r/ch$_2$:** 1. Knochen, 2. Karo, 3. Orgel, 4. Schere, 5. Kuchen, 6. Spachtel, 7. Anorak, 8. Beeren, 9. Kohlrabi, 10. Schachtel, 11. Jacht, 12. Haare
55. **S/Sch:** 1. Sieb, 2. Sonne, 3. Schienen, 4. Sahne, 5. Schule, 6. Schaum, 7. Schaukelstuhl, 8. Salat, 9. Scheune, 10. Sack, 11. Schinken, 12. Segelboot
56. **s/sch:** 1. Kastanie, 2. Kirsche, 3. Nashorn, 4. Dusche, 5. Peitsche, 6. Flasche, 7. Kiste, 8. Eskimo, 9. Eisbär, 10. Muschel, 11. Tasche, 12. Achse
57. **Sch/Schw:** 1. Schwert, 2. Schulter, 3. Schwalbe, 4. Schwanz, 5. Schwamm, 6. Schaukel, 7. Schatten, 8. Schwan, 9. Schwein, 10. Schublade, 11. Schiff, 12. Schachtel
58. **St/Schr:** 1. Schraubendreher, 2. Stern, 3. Steg, 4. Stoppuhr, 5. Schraube, 6. Steine, 7. Schreibmaschine, 8. Stamm, 9. Schreibtisch, 10. Stuhl, 11. Stadt, 12. Stoff(ballen)
59. **Sp/Sch:** 1. Speer, 2. Spielzeug, 3. Specht, 4. Schaum, 5. Spinne, 6. Schuh, 7. Schaukelpferd, 8. Spargel, 9. Schaf, 10. Schale/Schüssel, 11. Spiegel, 12. Schirm
60. **Sp oder St:** 1. Stecker, 2. Stachelbeeren, 3. Spielplatz, 4. Spardose, 5. Stempel, 6. Spachtel, 7. Stiefel, 8. Storch, 9. Spüle/Spülbecken, 10. Stiel, 11. Staubsauger, 12. Spaten
61. **St/Sch:** 1. Stock, 2. Schaufel, 3. Schal, 4. Stall, 5. Stirn, 6. Schinken, 7. Schatten, 8. Schule, 9. Stundenplan, 10. Stern, 11. Schildkröte, 12. Stiefel
62. **S/Z:** 1. Zug, 2. Sonne, 3. Segelboot, 4. Sattel, 5. Zaun, 6. Zeugnis, 7. Seehund, 8. See, 9. Zelt, 10. Säge, 11. Zucker, 12. Zitrone
63. **z/ß:** 1. Herz, 2. Meißel, 3. Edelweiß, 4. Ranzen, 5. Fuß, 6. Gießkanne, 7. Werkzeug, 8. Pilz, 9. Straße, 10. Brezel, 11. Floß, 12. Kreuz
64. **Z/St:** 1. Stachelbeeren, 2. Zahn, 3. Zopf, 4. Stoppuhr, 5. Stall, 6. Zunge, 7. Stoff(ballen), 8. Zebra, 9. Steine, 10. Zelt, 11. Zoo, 12. Stiefel
65. **z/st:** 1. Kastanie, 2. Pinzette, 3. Hamster, 4. Sandkasten, 5. Korkenzieher, 6. Walze, 7. Heizung, 8. Fenster, 9. Wohnzimmer, 10. Bürste, 11. Kiste, 12. Werkzeug
66. **Z/Sch:** 1. Zange, 2. Schüssel/Schale, 3. Zeitung, 4. Schachtel, 5. Ziege, 6. Zoo, 7. Schaukel, 8. Schaum, 9. Zirkel, 10. Schiff, 11. Schuh, 12. Zaun
67. **z/sch:** 1. Kirschen, 2. Brezel, 3. Geschirr, 4. Kerze, 5. Hubschrauber, 6. Handschuh, 7. Kreuzung, 8. Wurzeln, 9. Weizen, 10. Tusche, 11. Herzen, 12. Muschel
68. **Zw/Schw:** 1. Schwert, 2. Zwirn, 3. Zwillinge, 4. Schwein, 5. Schwamm, 6. Schwanz, 7. Zweig, 8. Zwerg, 9. Schwalbe, 10. Schwan, 11. Zwieback, 12. Zwiebel

*Auf Blatt 28 befinden sich ausschließlich Wörter, deren Schreibweise mit Längenzeichen erfolgt, und zwar mit eh und ie.